DÉPARTEMENT DE SAÔNE-ET-LOIRE.

RÈGLEMENT

SUR LES

POURSUITES EN MATIÈRE DE CONTRIBUTIONS DIRECTES

Instruction générale du 20 juin 1859
et arrêté du **Préfet** du 1ᵉʳ mars 1862.

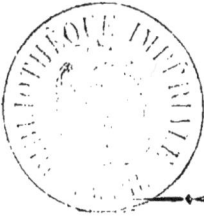

IMPRIMERIE ADMINISTRATIVE DE VEUVE BERGER-LEVRAULT ET FILS

PARIS
RUE DES SAINTS-PÈRES, 8

STRASBOURG
RUE DES JUIFS, 26

1862

F

©

RÈGLEMENT

SUR

LES POURSUITES EN MATIÈRE DE CONTRIBUTIONS DIRECTES.

NOTA. Les articles du règlement qui portent un numéro *bis* ou *ter* sont ceux qui ont été ajoutés dans la nouvelle rédaction. On a adopté cette indication pour conserver la série de numéros du règlement du 26 août 1824, et laisser ainsi le moyen de se reporter, dans tous les temps, aux diverses explications dont chaque article a pu être l'objet.

ARRÊTÉ

Contenant Règlement sur les poursuites en matière de contributions directes dans le département de Saône-et-Loire.

Mâcon, le 1er mars 1862.

Nous PRÉFET du département de Saône-et-Loire,

Vu l'article 54 de la loi de finances du 15 mai 1848, portant que les Préfets sont autorisés à faire, dans leur département respectif, des arrêtés réglementaires sur les frais de poursuites à exercer pour le recouvrement des contributions directes, sauf à faire approuver ces arrêtés par le Gouvernement;

Vu la circulaire de M. le Ministre des finances, en date du 30 décembre 1860;

Arrêtons les dispositions suivantes :

PREMIÈRE PARTIE.

OBLIGATIONS DES REDEVABLES ET DROITS DES PERCEPTEURS ANTÉRIEUREMENT AUX POURSUITES.

Art. 1er. Les contributions directes sont payables en douze portions égales, dont chacune est exigible le 1er de chaque mois pour le mois précédent (1).

2. La totalité du montant de la patente des marchands forains, colporteurs et marchands vendant en ambulance, échoppe ou étalage, est payable au moment de la délivrance de ladite patente, conformément aux dispositions des articles 69 et 70 de la loi du 25 mars 1817 (2).

3. En cas de déménagement hors du ressort de la perception, comme en cas de décès, de faillite et de vente volontaire ou forcée, la contribution personnelle et mobilière est exigible pour la totalité de l'année courante (3).

3 *bis*. La taxe des patentes ne peut, en cas de décès, être exigée que pour les termes échus et le mois courant (4).

Dans toutes les autres circonstances, déterminées par l'article 3, la taxe des patentes est exigible pour l'année entière (5).

4. Les héritiers ou légataires peuvent être poursuivis solidairement,

---

1. En ce qui concerne la contribution des patentes, la loi du 25 avril 1844, art. 24, porte ce qui suit : « Dans le cas où le rôle n'est émis que postérieurement « au 1er mars, les douzièmes échus ne sont pas immédiatement exigibles : le recou- « vrement en est fait par portions égales, en même temps que celui des douzièmes « non échus. » C'est-à-dire que la cote se divise pour le paiement en autant de termes qu'il reste de mois à courir. Cette disposition est applicable à la contribution personnelle-mobilière, lorsqu'elle est comprise dans le même rôle que celle des patentes. (*Décision ministérielle du 4 août 1845.*) — Les contribuables compris dans les rôles supplémentaires de patentes du 4e trimestre peuvent être admis à diviser leur dette en deux ou trois termes, comme les patentables compris dans les rôles du 3e trimestre. (*Art. 61 de l'Instruction générale.*)

2. *Art.* 69 : « Les marchands forains et colporteurs seront tenus d'acquitter le « montant total de leur patente au moment où elle leur sera délivrée. »

Art. 70 : « Les marchands vendant en ambulance, échoppe ou étalage, dans les « lieux de passage, places publiques, marchés des villes et communes, des mar- « chandises autres que des comestibles, seront pareillement tenus d'acquitter, au « moment de la délivrance, le montant total de la patente à laquelle ils sont assu- « jettis par la disposition finale du nombre 10 de l'article 29 de la loi du 1er bru- « maire an VII. »

Art. 24 de la loi du 25 avril 1844 : « Les marchands forains, les colporteurs, les « directeurs de troupes ambulantes, les entrepreneurs d'amusements et jeux publics « non sédentaires, et tous autres patentables dont la profession n'est pas exercée à « demeure fixe, sont tenus d'acquitter le montant total de leur cote au moment où « la patente leur est délivrée. »

3. Loi du 21 avril 1832, art. 21 et 22, et loi du 25 avril 1844, art. 25.

4. Loi du 13 floréal an X. (Voyez le renvoi qui suit.)

5. La disposition qui fait l'objet du premier alinéa de l'article 3 *bis* s'étend main- tenant au cas de fermeture des magasins, boutiques et ateliers par suite de faillite déclarée. (*Loi du 25 avril 1844, art. 23.*)

et un pour tous, à raison des contributions de ceux dont ils ont hérité ou auxquels ils ont succédé, tant que la mutation n'a pas été opérée sur le rôle (1).

5. Les receveurs des communes, hospices et autres établissements publics sont tenus au payement des contributions dues par ces communes ou établissements. Les quittances des percepteurs leur seront allouées en compte.

6. Les contribuables en réclamation n'en sont pas moins tenus de payer les termes qui viendront à échoir pendant les trois mois qui suivront leur réclamation (2).

7. Nul fonctionnaire n'a le droit de surseoir au recouvrement des contributions directes, ni aux poursuites qui ont ce recouvrement pour objet; seulement, lorsqu'il est constaté que des communes ont éprouvé des pertes résultant d'événements désastreux qui ont mis les contribuables dans l'impossibilité de payer, le préfet en informe le receveur général, afin de prévenir des poursuites pour des contributions qui devraient définitivement être couvertes par le fonds de non-valeurs.

8. Les percepteurs ont seuls titre pour effectuer et poursuivre le recouvrement des contributions directes appartenant au Trésor public, et celui de toutes contributions locales et spéciales, établies dans les formes voulues par la loi.

9. Les percepteurs ne peuvent exiger aucunes sommes des contribuables, s'ils ne sont porteurs d'un rôle confectionné par le directeur des contributions directes, rendu exécutoire par le préfet, et publié dans chaque commune par le maire.

10. Immédiatement après la publication des rôles, le percepteur est tenu de faire parvenir aux contribuables les avertissements dressés par le directeur des contributions.

Le prix de ces avertissements étant compris dans les rôles et payable comme les contributions, le percepteur ne peut rien demander de plus

---

1. La solidarité dont parle l'article 4 doit être entendue en ce sens, que, même après le partage de la succession, le privilége du Trésor suit, en vertu de la loi du 12 novembre 1808, les meubles, fruits et récoltes dans les mains des héritiers ou légataires à qui ils ont été attribués; d'où il résulte que le percepteur a le droit de les faire saisir, jusqu'à concurrence de la contribution privilégiée, sur tout héritier ou légataire, moins comme débiteur solidaire que comme détenteur.

2. Loi du 21 avril 1832, art. 28.

aux contribuables, soit pour les avertissements, soit pour les frais de leur remise.

11. Le privilége attribué au Trésor public et aux percepteurs agissant en son nom pour le recouvrement des contributions directes s'exerce avant tout autre.

Il est réglé ainsi qu'il suit :

1° Pour l'année échue et l'année courante de la contribution foncière, tant en principal qu'en centimes additionnels et supplémentaires, sur les récoltes, fruits, loyers et revenus des biens immeubles, sujets à la contribution (1);

2° Pour l'année échue et l'année courante des autres contributions directes générales et spéciales, sur tous les meubles et effets mobiliers appartenant aux redevables, en quelque lieu qu'ils se trouvent.

L'acquéreur d'une propriété doit, en conséquence du privilége ci-dessus, s'assurer que les contributions imposées sur cette propriété ont été payées jusqu'au jour de la vente.

Cette obligation existe également pour tous adjudicataires d'immeubles vendus par autorité de justice.

12. Le privilége attribué au Trésor pour le recouvrement des contributions directes ne préjudicie point aux droits qu'il peut exercer sur les biens des redevables comme tout autre créancier.

12 bis. Lorsqu'il y a lieu à l'expropriation forcée des immeubles des redevables, elle n'est poursuivie qu'avec l'autorisation du ministre des finances, sur la proposition du receveur particulier et l'avis du préfet.

13. Tous fermiers et locataires sont tenus de payer à l'acquit des propriétaires ou usufruitiers la contribution des biens qu'ils tiennent à ferme ou à loyer, et peuvent être poursuivis comme les propriétaires eux-mêmes.

Les propriétaires ou usufruitiers sont tenus de recevoir les quittances du montant de ces contributions sur le prix des fermages et loyers, à moins que les fermiers ou locataires n'en soient chargés par leur bail.

13 bis. Les propriétaires peuvent, dans les limites et sous les conditions fixées par l'administration, déléguer le paiement de l'impôt foncier à un certain nombre de fermiers; toutefois ils n'en restent pas

---

1. Le privilége du Trésor affecte les récoltes, fruits, loyers et revenus, abstraction faite de toute mutation ou de tout changement de propriétaire. (*Arrêt de la cour de cassation du 6 juillet* 1852.)

moins soumis personnellement aux poursuites du percepteur, lorsque l'intérêt du recouvrement l'exige (1).

14. Tous receveurs, agents, économes, notaires, commissaires-priseurs et autres dépositaires et débiteurs de deniers provenant du chef des redevables et affectés aux priviléges du Trésor, sont tenus, sur la demande qui leur en est faite par le percepteur, de payer à l'acquit des contribuables, sur le montant et jusqu'à concurrence des fonds qu'ils doivent ou qui sont entre leurs mains, les contributions dues par ces derniers.

Les commissaires priseurs, séquestres et autres dépositaires sont même autorisés à payer d'office les contributions dues, avant de procéder à la délivrance des deniers. Les quittances du percepteur (pour les sommes légitimement payées) leur sont allouées en compte (2).

15. Les propriétaires et principaux locataires des maisons doivent, un mois avant l'époque du déménagement de leurs locataires ou sous-locataires, se faire représenter, par ces derniers, les quittances de leurs contributions personnelle et mobilière, comprenant toutes les sommes exigibles à l'époque du déménagement, et, à défaut de cette représentation, en donner immédiatement avis au percepteur (3), et retirer une reconnaissance par écrit de cet avertissement.

Si le percepteur refuse de recevoir la déclaration faite à l'époque prescrite et d'en délivrer une reconnaissance, elle peut lui être notifiée par le ministère d'huissier; et, dans ce cas, les frais de l'acte sont à la charge du percepteur.

16. Dans le cas de déménagement furtif, les propriétaires, et, à leur place, les principaux locataires, sont responsables des termes échus de la contribution de leurs locataires, s'ils n'ont pas fait constater, dans les trois jours, ce déménagement, par le maire, le juge de paix ou le commissaire de police (4).

---

1. L'article 6 de la loi du 4 août 1844, qui a autorisé les propriétaires à faire des délégations sur leurs fermiers pour le paiement des contributions, n'a eu pour but que de régler une mesure d'ordre; il ne porte aucune atteinte à la responsabilité des propriétaires. (Rapport fait à la chambre des députés, le 16 juillet 1844.)

2. Lois des 5-18 août 1791, 12 novembre 1808 et 18 juin 1843, art. 1er. (Voyez les deux premières de ces lois, à la suite du règlement, pages 67 et 68.)

3. Sous leur responsabilité personnelle. (*Loi du* 21 *avril* 1832, *art.* 22.)

4. Loi du 21 avril 1832, art. 23.

La remise au percepteur d'une expédition du procès-verbal de déménagement furtif, dressé dans le délai voulu, dispense le propriétaire ou principal locataire de toute garantie, si la remise est prouvée par une reconnaissance du percepteur (1).

Le percepteur exerce son privilége sur les meubles enlevés, partout où ils se trouvent, conformément à l'article 11 ci-dessus.

16 *bis.* Dans tous les cas, et nonobstant toute déclaration de leur part, les propriétaires ou principaux locataires demeurent responsables de la contribution des personnes logées par eux en garni (2).

17. Les droits et privilèges attribués au Trésor public pour le recouvrement des contributions directes s'étendent au recouvrement des frais dûment taxés.

18. Les percepteurs qui ont laissé passer trois années, à compter du jour où les rôles leur ont été remis, sans faire de poursuites contre un contribuable, ou qui, après avoir commencé des poursuites, les ont abandonnées pendant trois ans, sont déchus de leurs droits contre les redevables. Passé ce délai, toutes poursuites leur sont interdites (3).

19. Les réclamations concernant la perception des contributions directes, et les poursuites auxquelles cette perception donne lieu, sont du ressort de l'autorité administrative (4).

POURSUITES.

20. Le contribuable qui n'a pas acquitté, au 1er du mois, le douzième échu pour le mois précédent, est dans le cas d'être poursuivi.

21. Le percepteur ne peut commencer les poursuites avec frais

---

1. Les obligations et la responsabilité imposées aux propriétaires et principaux locataires pour la contribution personnelle-mobilière existent également à l'égard de la contribution des patentes; seulement la part de contribution laissée à leur charge, quand il s'agit de cette dernière contribution, ne comprend que le dernier douzième échu et le douzième courant, dus par le patentable. (*Loi du 25 avril* 1844, *art.* 25.)

2. Loi du 21 avril 1832, art. 23.

3. Loi du 3 frimaire an VII, art. 149 et 150; arrêté du 26 thermidor an VIII, art. 17.

4. Voir toutefois les articles 63 et 66, desquels il résulte que les actes de poursuites, à partir du commandement inclusivement, sont soumis aux règles tracées par le Code de procédure, et que les contestations qui peuvent s'élever au sujet de l'observation de ces règles sont de la compétence des tribunaux ordinaires, sans préjudice du référé administratif dont il est question dans les notes sur les articles 69 et 86.

qu'après avoir prévenu le contribuable retardataire par une sommation *gratis. (Modèle n° 1.)*

Cette sommation gratis est donnée au domicile du redevable, s'il réside dans la commune ; s'il n'y réside pas, elle est remise à son principal fermier, locataire ou régisseur, et, à défaut, à la personne qui le représente (1). Elle doit être remise huit jours avant le premier acte de poursuite qui donne lieu à des frais ; mais le percepteur n'est pas tenu de la renouveler pour la contribution d'un même contribuable dans le courant de l'exercice.

21 *bis.* La date de la remise de la sommation gratis doit toujours être constatée sur le rôle.

22. Les poursuites comprennent, sans division d'exercices (2), toutes les sommes dues par le même contribuable.

23. Aucune poursuite donnant lieu à des frais ne peut être exercée dans une commune qu'en vertu d'une contrainte décernée par le receveur particulier de l'arrondissement, visée par le sous-préfet, et qui désigne nominativement les contribuables à poursuivre.

Cette contrainte est dressée en double expédition, dont l'une reste entre les mains du percepteur, et l'autre est remise par lui à l'agent de poursuites.

24. Les percepteurs demandent aux receveurs d'arrondissement qu'il soit décerné des contraintes contre les contribuables en retard, toutes les fois qu'ils le jugent nécessaire pour l'exactitude du recouvrement. Néanmoins, les receveurs d'arrondissement peuvent d'office décerner ces contraintes, en se conformant à l'ordre et aux règles établis pour les degrés de poursuite.

25. La contrainte délivrée par le receveur particulier n'est point sujette au timbre : elle est décernée collectivement pour celles des communes de l'arrondissement de perception où le recouvrement est arriéré ; elle ne peut être spéciale que dans le cas où une commune seule est en retard de paiement. Dans aucun cas, l'effet de la contrainte décernée par le receveur particulier ne peut, à moins qu'elle ne soit renouvelée, se prolonger, pour chaque degré de poursuites, au delà de

---

1. Si personne dans la commune ne représente le contribuable, la sommation est remise au maire. (Voyez art. 47.)
2. Voir l'article 43 *bis* et la note, au sujet des douzièmes d'un nouvel exercice.

dix jours (1), employés, soit consécutivement, soit alternativement, à des poursuites contre une même commune, et les agents de poursuite doivent cesser leurs opérations plus tôt, si, d'après la situation des rentrées, le percepteur leur en donne l'ordre.

25 *bis*. Le délai de dix jours fixé par l'article ci-dessus ne partira, pour chacune des communes de la même circonscription de perception, que du jour de la publication qui doit être faite de la contrainte, comme l'indique l'article 27 ci-après, laquelle publication aura lieu dans les trois jours de la date de la contrainte, ou, au plus, dans un délai calculé à raison d'un jour d'intervalle pour chacune des communes comprises dans ladite contrainte (1).

26. Les percepteurs sont tenus de se rendre, à des jours déterminés, dans les communes de leur perception autres que celle où ils sont obligés de résider. Les poursuites contre les contribuables en retard coïncideront, autant que possible, avec les époques où le percepteur peut, par sa présence, faciliter aux redevables le moyen de se libérer.

27. A l'arrivée d'un agent de poursuite dans une commune, le maire ou l'adjoint, et, à défaut, l'un des membres du conseil municipal, devra faire publier la contrainte décernée par le receveur particulier; le jour de la publication est constaté par la date du visa du maire apposé sur ladite contrainte.

Dans aucun cas, on ne doit proclamer ni afficher les noms des contribuables portés en tête de la contrainte.

DEUXIÈME PARTIE.

AGENTS DES POURSUITES.

28. Les poursuites en matière de contributions directes sont exercées par des porteurs de contraintes et par des garnisaires : les porteurs de

---

1. Les dispositions des articles 25 et 25 *bis*, ayant pour objet de limiter la durée des contraintes, n'ont pas été reproduites dans l'Instruction générale du 20 juin 1859 (voir l'article 99 correspondant à l'article 80 de l'Instruction de 1840). En effet, du moment où il ne peut être exercé de poursuite qu'en vertu d'un état nominatif des contribuables en retard, dûment arrêté, cette limitation resterait sans motif. (Voir, 1° les articles 23 et 24 ci-dessus; 2° la circulaire aux préfets du 21 décembre 1839, §§ 3, 4 et 5; 3° la circulaire de la même date aux receveurs des finances, 9° alinéa.) Ces deux circulaires sont pages 23 et 33 de l'Instr. générale.

contraintes agissent dans tous les degrés de poursuites; les garnisaires ne sont employés que pour la garnison collective ou individuelle.

29. Le nombre des porteurs de contraintes est réglé, pour chaque arrondissement, par le préfet, sur la proposition du receveur général.

30. Les porteurs de contraintes et garnisaires à employer dans un arrondissement sont désignés par le sous-préfet, sur la proposition du receveur particulier.

Les porteurs de contraintes sont commissionnés par le préfet. Ils prêtent serment devant le sous-préfet.

31. Aucun des individus attachés au service des autorités administratives et à celui des receveurs et des percepteurs, ne peut remplir les fonctions de porteur de contraintes ni de garnisaire.

32. Les porteurs de contraintes et les garnisaires sont à la disposition du receveur particulier des finances dans chaque arrondissement, et ne peuvent être employés par les percepteurs que d'après son ordre. Ils doivent résider dans la commune chef-lieu de l'arrondissement, sauf les exceptions autorisées par le préfet.

33. Les porteurs de contraintes, dans l'exercice de leurs fonctions, doivent être munis de leur commission. Ils la mentionnent dans leurs actes et la représentent quand ils en sont requis. (*Modèle nº 15.*)

34. Les porteurs de contraintes remplissent les fonctions d'huissier pour les contributions directes, et, en cette qualité, ils font les commandements, saisies et ventes, à moins qu'il n'existe des commissaires-priseurs dans le lieu où ils exercent leurs poursuites : dans ce cas, les commissaires-priseurs sont chargés de préférence des ventes, conformément aux dispositions de l'article 31 de la loi de finances du 23 juillet 1820, et ils sont tenus de se soumettre, pour le paiement de leurs frais, aux fixations déterminées par les préfets (1).

---

1. *Article 31 de la loi du 23 juillet* 1820 : « Les prisées et ventes publiques des « meubles des contribuables en retard seront faites par les commissaires-priseurs « dans les villes où ils sont établis : dans ce cas, comme dans tous les autres, les « vacations des commissaires-priseurs seront taxées par les tribunaux; mais, si les « opérations ont lieu pour le recouvrement des contributions directes, les tribunaux se « conformeront aux règlements faits par les préfets et arrêtés par le Gouvernement. »

La loi du 18 juin 1843 n'a pas abrogé l'article 31 de celle du 23 juillet 1820, d'après lequel les frais dus aux commissaires-priseurs qui interviennent dans les ventes mobilières faites pour le recouvrement des contributions directes doivent être taxés conformément au tarif arrêté par les préfets. (*Lettre du garde des sceaux, du* 1ᵉʳ *octobre* 1844.)

Les porteurs de contraintes ne sont pas assujettis au droit de patente.

35. Dans les arrondissements où il ne se trouve pas de porteur de contraintes ayant les qualités et les connaissances nécessaires, les sous-préfets autorisent les receveurs des finances à se servir des huissiers près les tribunaux pour l'exécution des actes réservés aux porteurs de contraintes, en se conformant, pour les frais, aux fixations arrêtées par le préfet.

35 *bis*. Les huissiers doivent, dans ce cas, être commissionnés porteurs de contraintes.

35 *ter*. Les huissiers ne sauraient être forcés d'accepter une commission de porteur de contraintes, mais ils peuvent être requis d'exercer contre les redevables les actes de leur ministère; et, dans ce cas, ils ont droit de demander que leurs émoluments soient fixés d'après le tarif judiciaire (1).

36. Les porteurs de contraintes et les garnisaires ne jouissent d'aucun traitement fixe, et ne sont payés qu'autant qu'ils sont employés.

Il ne leur est rien dû pour frais d'aller et retour.

37. Les porteurs de contraintes et les garnisaires, en arrivant dans une commune, font constater par le maire ou l'adjoint, et, à défaut, par l'un des membres du conseil municipal, sur la contrainte ou l'ordre dont ils sont munis, le jour et l'heure de leur arrivée, et, de même, en se retirant, le jour et l'heure de leur départ.

38. Les porteurs de contraintes et les garnisaires ne peuvent, dans aucun cas, ni sous aucun prétexte, recevoir aucune somme des percepteurs ni des contribuables pour leur salaire ou pour les contributions, à peine de destitution (2).

Les percepteurs qui leur remettraient des fonds en resteraient responsables, et les contribuables qui payeraient entre leurs mains s'exposeraient à payer deux fois.

39. Les porteurs de contraintes sont assujettis à tenir un répertoire, coté et parafé par le juge de paix du chef-lieu d'arrondissement, et visé gratuitement pour timbre par le receveur de l'enregistrement; ils y portent tous les actes de leur ministère sujets au timbre et à l'enregistrement, soit gratis, soit payés, sous peine d'une amende de 5 francs pour chaque omission.

1. Avis du conseil d'État, du 13 août 1840, adopté par le ministre des finances.
2. Voir article 107.

Indépendamment des détails prescrits par l'article 50 de la loi du 22 frimaire an VII (12 décembre 1798) (1), ce répertoire doit contenir, dans une colonne distincte, le coût de chaque acte, d'après les fixations arrêtées par le préfet.

Dans les dix premiers jours de chaque trimestre, ce répertoire est présenté au receveur de l'enregistrement pour être revêtu de son *visa*. Le porteur de contraintes qui diffère cette présentation est puni d'une amende de dix francs pour chaque dizaine de retard.

Le porteur de contraintes est tenu, en outre, de communiquer son répertoire, à toute réquisition, aux préposés de l'enregistrement qui se présentent chez lui pour le vérifier, à peine d'une amende de 50 francs en cas de refus.

Il le communique au percepteur, au maire, au sous-préfet, au receveur de l'arrondissement et aux inspecteurs des finances en tournée, toutes les fois qu'il en est requis.

40. En cas d'injures ou de rébellion contre les agents de poursuite, ils se retirent auprès du maire pour en dresser procès-verbal. Ce procès-verbal, visé par le maire, est enregistré et envoyé au sous-préfet, lequel dénonce le fait aux tribunaux, s'il y a lieu.

TROISIÈME PARTIE.

MOYENS ET DEGRÉS DE POURSUITES.

41. Les degrés de poursuites sont établis ainsi qu'il suit :

Savoir :

1er DEGRÉ. *Garnison collective ou individuelle.*

2e DEGRÉ. *Commandement.*

3e DEGRÉ. *Saisie.*

4e DEGRÉ. *Vente.*

PREMIER DEGRÉ DE POURSUITES. — *Garnison collective ou individuelle.*

42. Les poursuites par voie de garnison collective ou individuelle sont employées contre les contribuables retardataires qui ne se sont pas

---

1. *Article 50 de la loi du* 22 *frimaire an* VII : « Chaque article du répertoire contiendra : 1° son numéro ; 2° la date de l'acte ; 3° sa nature ; 4° les noms et prénoms « des parties et leur domicile ; 5° l'indication des biens, leur situation et le prix, lors- « qu'il s'agira d'actes qui auront pour objet la propriété, l'usufruit ou la jouissance de « bien-fonds ; 6° la relation de l'enregistrement. »

libérés huit jours après la sommation *gratis*, mentionnée en l'article 21 du présent.

43. Elles peuvent être employées facultativement par le percepteur s'il n'a pas d'ordre contraire du receveur particulier; c'est-à-dire que le percepteur peut d'abord employer contre un contribuable en retard la garnison collective, et ensuite la garnison individuelle, ou bien commencer par cette dernière, sans qu'il puisse revenir à la garnison collective, contre un même contribuable et pour la même dette. Toutefois, la garnison individuelle ne pourra être employée *comme premier degré de poursuites* que lorsque le retard qui y donne lieu excédera la somme de quarante francs.

43 *bis*. Lorsqu'un contribuable qui a été soumis à la garnison devient débiteur de nouveaux douzièmes sans avoir, depuis la date du bulletin de garnison, payé intégralement la somme qui était alors exigible, le même acte de poursuite ne doit pas être répété pour ces nouveaux douzièmes; il doit être procédé, pour la totalité de la dette, par les degrés de poursuites subséquents, à moins qu'il ne s'agisse de douzièmes appartenant à l'exercice suivant; il en est de même pour les poursuites des autres degrés qu'il y aurait à exercer ultérieurement (1).

Le prix de chaque bulletin est fixé conformément au tarif ci-annexé.

Garnison collective.

44. La garnison est collective lorsqu'elle a lieu, à la fois, contre plusieurs redevables par un seul garnisaire.

Elle peut être exercée contre tous les contribuables retardataires, sans distinction du montant des cotes.

45. La poursuite par garnison collective peut être employée huit jours après la délivrance de la sommation gratis, ainsi qu'il a déjà été dit à l'article 42.

46. Cette poursuite est notifiée à chacun des redevables par un acte

---

1. Lorsqu'un contribuable, poursuivi pour des contributions d'anciens exercices, devient débiteur sur un rôle nouvellement émis, il convient de laisser les poursuites commencées en l'état où elles se trouvent (sauf, s'il y avait lieu de craindre la disparition du gage du Trésor, à les pousser, exceptionnellement, jusqu'à la saisie), et de recommencer tous les degrés de poursuites pour la nouvelle dette, en comprenant toutefois l'ancienne dette dans les actes à signifier.

ou bulletin imprimé et rédigé dans la forme du *modèle n° 3*, d'après un état nominatif dressé par le percepteur, remis à l'agent de poursuites, et au pied duquel la contrainte est décernée (*modèle n° 2*) (1).

47. Les agents de poursuite remettent entre les mains des maires, qui en donnent récépissé sur la contrainte, des bulletins qui n'auraient pas pu être signifiés, par suite de l'absence du contribuable et de toute autre personne apte à les recevoir.

48. Le salaire de l'agent de poursuite employé à la garnison collective consiste en une somme *fixe*, par bulletin de garnison.

Garnison individuelle.

49. La garnison est individuelle lorsqu'elle a lieu contre un seul redevable, par un garnisaire à domicile.

Elle ne doit être exercée que trois jours après la garnison collective. Cependant, si le percepteur commence ses poursuites contre un contribuable retardataire par la garnison individuelle (art. 43), cette dernière ne peut avoir lieu, comme la garnison collective, que huit jours après la sommation *gratis*.

50. La garnison ne peut être établie à domicile chez un contribuable, si ses contributions ne s'élèvent en totalité à cinquante francs et si les termes dus ne montent au moins à vingt francs.

51. Le garnisaire ne peut rester plus de deux jours chez un redevable. Il délivre à celui chez lequel il s'établit, en vertu de l'état qui lui a été remis par le percepteur (*modèle n° 2*), un bulletin imprimé conforme au modèle n° 4.

Pendant la durée de la garnison individuelle, l'agent ne doit exercer aucun autre acte de poursuites.

52. Si le contribuable se libère le jour même où il reçoit le garnisaire, le percepteur ordonne à celui-ci de se retirer, et le contribuable ne doit que les frais d'une journée, avec vivres et logement ou la représentation.

---

1. Il est expressément recommandé aux agents de poursuite de présenter, aussi souvent que possible, leurs contraintes aux percepteurs, afin que les contribuables qui se seraient libérés puissent en être rayés; dans les villes et, en général, dans les localités qui le permettent, les porteurs de contraintes doivent remplir cette formalité *chaque jour* avant d'aller en tournée. (*Art.* 100 *de l'Instruction générale.*)

53. Le prix de la journée de garnison à domicile est fixé conformément au tarif ci-annexé.

54. Les frais de garnison individuelle sont présentés par journée dans un état particulier, arrêté par le percepteur, et transmis au receveur particulier, pour être arrêté par le sous-préfet, ainsi qu'il est indiqué ci-après, article 102, chapitre de la justification des frais.

DEUXIÈME DEGRÉ DE POURSUITES. — *Commandement.*

55. Le commandement n'a lieu que trois jours après l'exercice de la contrainte par garnison individuelle, ou trois jours après la garnison collective, si la garnison individuelle n'a pas eu lieu.

56. Aucun contribuable retardataire ne peut être poursuivi par voie de commandement qu'en vertu d'une contrainte qui le désigne nominativement.

Cette contrainte est décernée à la suite d'un état envoyé préalablement par le percepteur, ou dressé par le receveur particulier, d'après l'inspection des rôles et la situation des poursuites. (*Modèle n° 5.*)

La contrainte comprend l'ordre de procéder à la saisie, si le contribuable ne se libère pas dans le délai de trois jours, à compter de la signification du commandement (1).

57. Les commandements sont faits et délivrés par les porteurs de contraintes, sur des imprimés conformes au *modèle n° 6* (2).

58. Le prix du commandement est fixé uniformément pour l'original et la copie signifiés, tous frais de *timbre* et de transport compris, et

---

1. Lorsqu'un contribuable veut faire des offres réelles au percepteur, il peut les signifier au domicile élu dans le commandement; mais il ne peut les réaliser par le paiement qu'au domicile réel du comptable, ou entre ses mains dans le lieu où il se trouve en tournée, c'est-à-dire au lieu où doit se faire le paiement de l'impôt.

2. Les formalités prescrites par le Code de procédure doivent être exactement observées dans la rédaction ainsi que dans l'exécution des commandements et des actes de poursuites subséquents. (*Circulaires des* 31 *mars et* 10 *octobre* 1831.) [Voir la note sur l'article 19.] — Les actes sont signifiés conformément à l'article 68 dudit code, ainsi conçu :

« Tous exploits seront faits à personne à domicile; mais, si l'huissier ne trouve au « domicile ni la partie ni aucun de ses parents ou serviteurs, il remettra de suite la « copie à un voisin, qui signera à l'original; si ce voisin ne peut ou ne veut signer, « l'huissier remettra la copie au maire ou adjoint de la commune, lequel visera « l'original sans frais. L'huissier fera mention du tout, tant sur l'original que sur la « copie. »

indépendamment du droit d'enregistrement, lorsqu'il y a lieu à ce droit, conformément au tarif ci-annexé.

L'original du commandement est collectif pour tous les contribuables poursuivis le même jour dans la même commune (1). (*Modèle n° 7.*)

59. Lorsqu'un contribuable retardataire est domicilié hors du département dans lequel il est imposé, sans y être représenté par un fermier, locataire ou régisseur, il peut être procédé immédiatement contre lui par voie de commandement. Pour l'exécution de cette poursuite, le receveur particulier de l'arrondissement où le rôle a été mis en recouvrement décerne, à la requête du percepteur, une contrainte (2) qui, après avoir été visée par le sous-préfet, est transmise par le receveur général à son collègue du département où le contribuable a son domicile, afin qu'après l'avoir fait viser par le préfet de ce département, il en fasse suivre l'exécution par un porteur de contraintes et en fasse opérer le recouvrement par le percepteur de la résidence du débiteur. Cette contrainte est accompagnée d'un extrait du rôle comprenant les articles dus par le contribuable (3).

60. Lorsque le contribuable est domicilié dans le département, mais hors de l'arrondissement de sous-préfecture où il est imposé, la contrainte, visée par le sous-préfet, est envoyée par le receveur général, avec l'extrait du rôle, au receveur particulier de l'arrondissement où réside le contribuable.

61. Les contraintes et extraits de rôles mentionnés aux deux articles précédents sont remis au percepteur de la résidence du contribuable, pour diriger les poursuites requises et effectuer le recouvrement des contributions exigibles.

Les frais relatifs à ces poursuites sont taxés par le sous-préfet, avancés au porteur de contraintes par le receveur particulier, et remboursés par le percepteur de la résidence du contribuable. Ces frais entrent

---

1. Il n'y a pas d'obstacle à ce que des contribuables de plusieurs communes soient compris dans le même original de commandement.

2. Les contraintes extérieures (modèle n° 5 *bis*) ne sont délivrés qu'en simple expédition, et il ne doit être porté qu'un seul contribuable sur celles de ces contraintes qui doivent être mises à exécution dans le département de la Seine ainsi que dans les grandes villes divisées en plusieurs arrondissements de perception.

3. Les extraits de rôles (modèle n° 5 *ter*) à joindre aux contraintes extérieures sont rédigés en deux expéditions, dont l'une est destinée au redevable et lui est envoyée, à titre d'avis et avec invitation de se libérer, par le percepteur chargé du recouvrement.

2

dans sa comptabilité comme ceux des poursuites qu'il exerce pour le recouvrement des sommes imposées sur ses rôles.

62. Le contribuable domicilié, soit hors du département, soit hors de l'arrondissement où il est imposé, et qui, s'étant mis dans le cas d'être poursuivi de la manière indiquée aux articles précédents, vient à se libérer dans l'intervalle de l'expédition de la contrainte à la signification du commandement, ou des autres poursuites dirigées contre lui, n'est pas pour cela exempt du paiement des frais encourus.

TROISIÈME DEGRÉ DE POURSUITES. — *Saisie*.

63. La saisie des meubles et effets, ou celle des fruits pendants par racines, est toujours précédée d'un commandement : elle ne peut avoir lieu que trois jours après la signification dudit commandement; elle est effectuée en exécution de la même contrainte (1).

64. Il ne peut être procédé à la saisie des fruits pendants par racines ou à la saisie-brandon que dans les six semaines qui précèdent l'époque ordinaire de la maturité des fruits.

65. La saisie est faite pour tous les termes échus des contributions, et pour ceux qui seront devenus exigibles au jour de la vente, quoique le commandement ait exprimé une somme moindre.

66. Les saisies s'exécutent d'après les formes prescrites pour les saisies judiciaires, titre VIII, livre V, du Code de procédure civile (2).

67. La saisie est exécutée nonobstant toute opposition, sauf à l'opposant à se pourvoir, par-devant le sous-préfet, contre le requérant (3).

68. Si, au moment où le porteur de contraintes vient à effectuer une saisie dans l'étendue de la commune du chef-lieu de perception, le

---

1. Pour la saisie-arrêt, qui, étant un acte purement conservatoire, n'exige ni contrainte ni autorisation préalable, comme pour tous les actes postérieurs au commandement, lesquels sont faits en vertu de la contrainte décernée pour ce dernier acte, le percepteur remet au porteur de contraintes un état présentant la situation des contribuables en retard et portant injonction à cet agent de faire les diligences nécessaires. Le modèle de l'état est donné sous le n° 8. (*Art.* 99 *de l'Instruction générale.*

2. Voyez à la suite du règlement, pages 61 et suivantes pour la saisie-exécution, et page 66 pour la saisie-brandon, des extraits du Code de procédure. La saisie-brandon est régie par le titre IX de ce Code. — Voir aussi la note de l'article **57.**

3. La décision du sous-préfet ne ferait pas obstacle à ce que la partie se pourvût devant le président du tribunal, si l'opposition était de nature à être jugée en référé par ce magistrat; si, par exemple, elle était fondée sur une irrégularité de forme. (Voir, d'ailleurs, la 2ᵉ note sur l'article 69.)

contribuable retardataire demande à se libérer chez le percepteur, l'agent de poursuite doit, sur la déclaration écrite (1) du contribuable, suspendre la saisie, et, sur le vu de la quittance du percepteur, il inscrit dans son procès-verbal le motif qui lui a fait suspendre son opération. Dans ce cas, le contribuable doit seulement le prix du timbre du procès-verbal, et, pour les vacations du porteur de contraintes, le prix d'une journée de garnison individuelle (2), ainsi que le salaire des assistants, d'après le tarif arrêté par le préfet.

Si la saisie a lieu dans une commune autre que celle du chef-lieu de perception, et que le contribuable demande également à se libérer chez le percepteur, le porteur de contraintes s'établit en qualité de garnisaire au domicile du retardataire pendant tout le temps que celui-ci emploie à effectuer sa libération, et, sur le vu de la quittance du percepteur, il inscrit dans son procès-verbal, comme il a été précédemment indiqué, le motif qui lui a fait discontinuer la saisie. Dans le second cas, le contribuable ne doit au porteur de contraintes, savoir :

S'il justifie de la quittance du percepteur dans la première journée de l'opération, que le prix d'une journée de garnison individuelle et le salaire des assistants ;

Et si cette justification ne peut être donnée que dans la journée du lendemain, que deux journées de garnison individuelle (2).

Dans les cas précités, le porteur de contrainte est tenu de faire mention, à la suite du procès-verbal de suspension de saisie, de la date de la quittance du percepteur et de la somme pour laquelle elle a été délivrée.

A la fin de la seconde journée, si le contribuable retardataire n'a pas opéré sa libération ou n'en justifie pas, le porteur de contraintes exécute la saisie; alors le contribuable doit, indépendamment des frais de la saisie, deux journées de garnison individuelle (3).

---

1. Si le contribuable ne savait ou ne pouvait pas écrire, il devrait le déclarer, en même temps qu'il exprimerait l'intention d'aller se libérer chez le percepteur. Cette double déclaration serait inscrite par le porteur de contraintes dans le procès-verbal signé de lui et des assistants, avec la mention que le contribuable a déclaré ne savoir ou ne pouvoir signer.

2. Voir, pour le coût de la garnison individuelle en cas de saisie interrompue, les §§ 7 et 8 du tarif.

3. Si le contribuable qui a demandé à se libérer n'apporte au percepteur qu'un à-compte sur les termes échus, et que ce comptable juge à propos de lui accorder un délai pour le surplus, il doit néanmoins donner ordre au porteur de contraintes d'achever la saisie, sauf à constituer le saisi comme gardien et à assigner pour la vente un jour éloigné.

69. En cas de revendication des meubles et effets saisis, l'opposition n'est portée devant les tribunaux qu'après avoir été, conformément aux lois des 5 novembre 1790 et 12 novembre 1808, déférée à l'autorité administrative (1). En conséquence, le percepteur se pourvoit auprès du sous-préfet, par l'intermédiaire du receveur particulier, pour qu'il y soit statué par le préfet, sous le plus bref délai (2).

70. Le porteur de contraintes qui, se présentant pour saisir, trouve une saisie déjà faite, se borne à procéder au récolement des meubles et effets saisis; et, s'il y a lieu, provoque la vente, ainsi qu'il est prescrit par les articles 611 et 612 du Code de procédure civile (3).

71. Lorsque le porteur de contraintes ne peut exécuter sa commission parce que les portes sont fermées ou que l'ouverture en est refusée, il a le droit d'établir un gardien aux portes pour empêcher le divertissement.

Il se retire sur-le-champ devant le maire ou l'adjoint, lequel autorise l'ouverture des portes, y assiste, et reste présent à la saisie des meubles et effets.

L'ouverture des portes et la saisie sont constatées par un seul procès-verbal dressé par le porteur de contraintes, et signé en outre par le maire ou son adjoint (4).

72. Le procès-verbal de saisie fait mention de la réquisition faite au saisi de présenter un gardien volontaire. Le porteur de contraintes est tenu d'admettre ce gardien, sur l'attestation de solvabilité donnée par le maire de la commune.

73. Si le saisi ne présente pas de gardien, le porteur de contraintes

---

1. Voyez à la suite du règlement, pages 68 et 69.

2. Le référé administratif qui est prescrit par l'article 69 est spécial à l'action en revendication de meubles saisis, et à la demande en distraction de meubles, également saisis, mais déclarés insaisissables. (*Arrêt du conseil d'État, du 29 août 1809.*) Il peut être formé soit par le percepteur, soit par l'opposant. (*Art. 4 de la loi du 12 novembre 1808.*) — (Voir à la suite du règlement, page 69.) Mais le référé formé par le percepteur ne dispense pas la partie opposante de la remise du mémoire prescrit par la loi du 5 novembre 1790. — Voir cette loi ci-après, page 69, ainsi que l'avis du conseil d'État du 28 août 1823 indiquant les formalités relatives à ce mémoire. — Quant aux autres contestations qui surgiraient dans le cours des poursuites, le référé administratif n'est obligatoire que pour le percepteur.

3. Voyez à la suite du règlement, page 59, un extrait du Code de procédure civile.

4. L'article 587 du Code de procédure mentionne d'abord le juge de paix et le commissaire de police. (Voir la note sur l'article 57.)

en établit un d'office, en observant les prohibitions portées par l'article 598 du Code de procédure civile.

74. Il ne peut être établi qu'un seul gardien. Dans le cas où la nature des objets saisis en exigerait un plus grand nombre, il y serait pourvu sur l'avis du maire de la commune.

75. Les gardiens à la saisie sont contraignables par corps pour la représentation des objets saisis.

76. Si le gardien d'effets mobiliers saisis ne les représente pas, le percepteur se pourvoit auprès du sous-préfet en autorisation de poursuivre ce gardien devant le tribunal civil, à l'effet de le faire condamner par corps au paiement des contributions dues et des frais de poursuites, conformément aux articles 2060, 2065 et 2067 du Code civil (1), et à la loi du 17 avril 1832, sur la contrainte par corps.

76 *bis*. En cas de soustraction frauduleuse, les gardiens d'objets saisis, autres que le saisi lui-même, peuvent être poursuivis par la voie criminelle.

Le contribuable qui aura détruit, détourné ou tenté de détourner les objets saisis sur lui et confiés à sa garde, est passible des peines portées à l'article 406 du Code pénal. Il est passible des peines portées à l'article 401, si la garde des objets saisis et par lui détruits ou détournés avait été confiée à un tiers.

---

1. *Article* 2060 *du Code Napoléon :* «La contrainte par corps a lieu pareillement ;
« 1° Pour dépôt nécessaire ;
« 2° En cas de réintégrande, pour le délaissement, ordonné par justice, d'un fonds « dont le propriétaire a été dépouillé par voies de fait, pour la restitution des fruits « qui ont été perçus pendant l'indue possession, et pour le paiement des dommages « et intérêts adjugés au propriétaire ;
« 3° Pour répétition de deniers consignés entre les mains de personnes publiques « établies à cet effet ;
« 4° *Pour la représentation des choses déposées aux séquestres, commissaires et* «*autres gardiens ;*
« 5° Contre les cautions judiciaires et cautions des contraignables par corps, « lesquelles se sont soumises à cette contrainte ;
« 6° Contre tous officiers publics, pour la représentation de leurs minutes, quand « elle est ordonnée ;
« 7° Contre les notaires, les avoués et les huissiers, pour la restitution des titres à « eux confiés, et des deniers par eux reçus pour leurs clients, par suite de leurs « fonctions. »
Article 2065 *du même Code :* «La contrainte par corps en matière civile ne peut « être prononcée pour une somme moindre de trois cents francs. »
Art. 2067 : La contrainte par corps, dans le cas même où elle est prononcée par « la loi, ne peut être appliquée qu'en vertu d'un jugement. »

77. Ne peuvent être saisis pour contributions arriérées et frais faits à ce sujet (1) :

Les lits et vêtements nécessaires au contribuable et à sa famille;

Les outils et métiers à travailler;

Les chevaux, bœufs, mulets et autres bêtes de somme ou de trait servant au labour (2);

Les charrues, charrettes, ustensiles et instruments aratoires, harnais de bêtes de labourage;

Les livres relatifs à la profession du saisi, jusqu'à la somme de trois cents francs, à son choix;

Les machines et instruments servant à l'enseignement pratique ou exercice des sciences et arts, jusqu'à concurrence de la même somme, et au choix du saisi;

Les équipements des militaires, suivant l'ordonnance et le grade;

Il est laissé au contribuable saisi une vache à lait, ou deux chèvres, ou trois brebis, à son choix, avec les pailles, fourrages et grains nécessaires pour la nourriture et la litière de ces animaux pendant un mois; plus la quantité de grains ou de graines nécessaires à l'ensemencement ordinaire des terres.

Les abeilles, les vers à soie, les feuilles de mûrier, ne sont saisissables que dans les temps déterminés par les lois et usages ruraux.

Les porteurs de contraintes qui contreviennent à ces dispositions sont passibles d'une amende de cent francs.

78. A défaut d'objets saisissables, et lorsqu'il sera constant qu'il n'existe aucun moyen d'obtenir le paiement de la cote d'un contribuable, il est dressé sur papier libre un procès-verbal de carence, en présence de deux témoins. Ce procès-verbal doit être certifié par le maire.

Le préfet décide, selon les différents cas d'insolvabilité, s'il y a lieu de mettre les frais de ce procès-verbal à la charge du percepteur, ou

---

1. Outre les objets détaillés dans l'article 77 du règlement, le Code de procédure, par son article 592 (voir ci-après, page 62, et aussi la note sur l'article 19), désigne comme étant insaisissables :

1° Les objets que la loi déclare immeubles par destination;

2° Les farines et menues denrées nécessaires à la consommation du saisi et de sa famille pendant un mois.

2. L'article 524 du Code Napoléon dit : *les animaux attachés à la culture.* (Voir ci-après, page 62.)

s'ils sont susceptibles d'être imputés, comme la cote elle-même, sur le fonds de non-valeuer.

78 *bis*. L'insolvabilité des contribuables sera constatée de la manière suivante :

1° Pour les retardataires qui auraient *primitivement* été réputés solvables, et contre lesquels une saisie, précédée de commandement, aurait été intentée, il sera fait usage des procès-verbaux de carence prescrits par l'article 78; ces procès-verbaux seront individuels ou collectifs, suivant le nombre des contribuables insolvables contre lesquels la saisie aurait été dirigée dans le même jour;

2° Pour les contribuables dont l'insolvabilité serait notoire, les percepteurs devront se borner, au moment où ils reconnaîtront cette insolvabilité, à obtenir (en exécution de l'arrêté du Gouvernement du 6 messidor an X) des certificats des maires attestant l'indigence desdits contribuables.

Ces comptables conserveront les certificats pour justifier du non-recouvrement des cotes, et pour former, en fin d'exercice, leurs états de cotes irrecouvrables.

Quant aux procès-verbaux de carence, ils seront rédigés en double original et sur papier libre. L'un des doubles restera entre les mains des percepteurs, pour être joint, comme pièce justificative, à l'appui des états de cotes irrecouvrables; l'autre double sera mis à l'appui des états de paiement du salaire des porteurs de contraintes, pour rester ensuite à la recette particulière.

Le salaire des porteurs de contraintes et des témoins, pour les procès-verbaux de carence, est fixé par le tarif annexé au présent.

Dans le cas où les témoins auraient été pris hors de la commune, leur salaire serait alloué comme si la saisie avait été effectuée, et conformément à la taxe réglée par ce dernier acte.

QUATRIÈME DEGRÉ DE POURSUITES. — *Vente*.

79. Aucune vente ne peut s'effectuer qu'en vertu d'une autorisation spéciale du sous-préfet, accordée sur la demande expresse du percepteur, par l'intermédiaire du receveur particulier.

L'avis du receveur particulier et l'autorisation du sous-préfet seront placés à la suite de la demande du percepteur.

80. Il n'est procédé à la vente des meubles et effets saisis, et des

fruits pendants par racines, que huit jours après la clôture du procès-verbal de saisie (1).

Néanmoins ce délai peut être abrégé, avec l'autorisation du sous-préfet (2), lorsqu'il y a lieu de craindre le dépérissement des objets saisis (3).

81. Les ventes de meubles sont faites par les commissaires-priseurs, dans les villes où ils sont établis. (Art. 31 de la loi du 23 juillet 1820 (4).

Toutes autres ventes sont faites par les porteurs de contraintes, dans les formes usitées pour celles qui ont lieu par autorité de justice. (Titres VIII et IX, livre V du Code de procédure civile (4.)

Les porteurs de contraintes et commissaires-priseurs sont tenus, sous leur responsabilité, de discontinuer la vente aussitôt que son produit est suffisant pour solder le montant des contributions dues et les frais de poursuites (5).

82. La vente doit avoir lieu dans la commune où s'opère la saisie. Il ne peut être dérogé à cette règle que d'après l'autorisation du maire (6). Dans ce dernier cas, la vente s'opère au marché le plus voisin, ou à celui qui est jugé le plus avantageux.

Les frais de transport des meubles et objets saisis sont réglés par le sous-préfet (7).

---

1. Pour la saisie-brandon, le délai de huitaine ne court qu'à partir de la date du procès-verbal constatant l'apposition des affiches. (*Art.* 629 *du Code de procédure,* ci-après, p. 66.)

2. Le délai de huit jours, *au moins*, entre la signification de la saisie au débiteur et la vente ayant été fixé par le Code de procédure, art. 613 (voir ci-après, page 75), il convient de ne l'abréger qu'avec l'autorisation du tribunal outre celle du sous-préfet. (Voir la note sur l'art. 57.)

3. Voyez art. 34.

4. Voyez à la fin du règlement, pages 61 et suivantes.

5. Il faut y ajouter le montant des créances pour lesquelles des oppositions auraient été formées sur le produit de la vente. (*Art.* 622 *du Code de procédure.*) (Voir la note sur l'article 85, au sujet de la remise des fonds aux créanciers opposants, ainsi que la note sur l'article 86.)

6. L'autorisation du tribunal est en outre nécessaire. (*Art.* 617 *du Code de procédure.*)

7. Lorsque le porteur de contraintes se présente pour procéder au récolement et à l'enlèvement des meubles pour la vente, et qu'ayant trouvé les portes fermées il s'est vainement adressé, pour en obtenir l'ouverture, soit au juge de paix, soit, à son défaut, au commissaire de police, soit aux autres fonctionnaires désignés par l'article 587 du Code de procédure (voir, ci-dessus, l'article 71 du règlement), cet agent doit se borner à consigner le fait dans son procès-verbal et à en rendre compte au percepteur; de son côté, ce comptable en réfère au receveur des finances, et celui-ci se concerte avec l'autorité judiciaire sur les mesures à prendre, conformément aux articles 607 et 806 du Code de procédure.

Si l'un des fonctionnaires répond à l'appel qui lui est fait, il requiert, pour procé-

83. Il est défendu aux porteurs de contraintes et percepteurs de s'adjuger ou faire adjuger aucun des objets vendus en conséquence des poursuites faites ou dirigées par eux, sous peine de destitution.

84. Le percepteur doit être présent à la vente ou s'y faire représenter pour en recevoir les deniers. Il est responsable desdits deniers.

85. Immédiatement après avoir reçu le produit de la vente, le percepteur émarge les rôles, jusqu'à concurrence des sommes dues par le saisi, et lui en délivre quittance à souche.

Il conserve en ses mains le surplus du produit de la vente jusques après la taxe des frais, et délivre au contribuable une reconnaissance (1) portant obligation de lui en rendre compte, et de lui restituer l'excédant, s'il y a lieu. Ce compte est rendu à la réception de l'état des frais, régulièrement taxés, inscrit à la suite du procès-verbal de vente, et signé contradictoirement par le contribuable et le percepteur (2).

86. En cas de contestation sur la légalité de la vente et d'opposition sur les fonds en provenant (3), le percepteur procède ainsi qu'il est prescrit à l'article 69 du présent règlement (4).

der à l'ouverture, un serrurier ou tout autre ouvrier, et celui-ci est tenu de déférer à cette réquisition, sous peine d'être traduit devant le tribunal de simple police, pour s'y voir condamner à l'amende portée par l'article 475, n° 12, du Code pénal.

Si le débiteur saisi était en même temps gardien des meubles qu'il refuserait de livrer, en tenant les portes fermées, ou en résistant à l'injonction de les ouvrir, cette résistance serait dénoncée au procureur impérial pour être poursuivie d'office, en exécution de l'article 400 du Code pénal, comme si le saisi s'était rendu coupable de détournement ou d'abus de confiance.

1. Les règlements exigent aujourd'hui qu'il soit délivré au contribuable une quittance détachée du journal à souche.

2. En attendant, le reliquat est porté au compte des excédants de versements, dont il est question à l'article 1487 de l'Instruction générale.

Dans le cas prévu par la dernière note sur l'article 81, la somme excédant ce qui était dû au Trésor et les frais taxés est remise, sur le consentement écrit du saisi, aux créanciers opposants. En cas de contestation, cet excédant, après avoir été constaté au compte désigné dans l'alinéa précédent, est versé à la caisse des dépôts et consignations.

3. Il s'agit ici d'oppositions entièrement contentieuses, ayant pour but d'empêcher le percepteur soit de faire procéder à la vente, soit de s'en approprier le produit. Ces oppositions diffèrent essentiellement de celles dont il est question dans les notes sur les articles 81 et 85. Ces dernières n'ont d'autre objet que de mettre les opposants en mesure de profiter des deniers de la vente après prélèvement des contributions dues et des frais faits.

4. Le percepteur doit faire, suivant le cas, les distinctions indiquées dans la 2e note de l'article 69, relativement au référé administratif.

87. Toute vente faite contrairement aux formalités prescrites par les lois donne lieu à des poursuites contre ceux qui y ont procédé, et les frais faits restent à leur charge.

Moyens conservatoires.

88. A défaut de paiement de contributions par un receveur, agent, économe, notaire, commissaire-priseur, ou autre dépositaire et débiteur de deniers provenant d'un redevable, le percepteur fait, entre les mains desdits dépositaires et débiteurs de deniers, une saisie-arrêt ou opposition.

89. La saisie-arrêt ou opposition s'opère à la requête du percepteur, par le ministère d'un huissier ou d'un porteur de contraintes, sans autre diligence, et sans qu'il soit besoin d'autorisation préalable, suivant les formes réglées par le titre VII, livre V du Code de procédure civile (1); il en suit l'effet conformément aux dispositions de ce code.

La saisie-arrêt n'est pas nécessaire lorsque le percepteur a fait constater sa demande ou sa saisie-arrêt dans un procès-verbal de vente de récolte ou d'effets mobiliers, dressé par un officier ministériel.

90. Lorsque la saisie-arrêt ou opposition doit être faite entre les mains d'un receveur ou de tout autre dépositaire de deniers publics, le porteur de contraintes se conforme aux formalités prescrites par le décret du 18 août 1807 (2).

91. Lorsqu'un percepteur est informé d'un commencement d'enlèvement furtif de meubles ou de fruits, et qu'il y a lieu de craindre la disparition du gage de la contribution, il a droit, s'il y a déjà eu un commandement, de faire procéder immédiatement, et sans autre ordre ni autorisation, à la saisie-exécution par un porteur de contraintes, et à son défaut par un huissier des tribunaux.

92. Si le commandement n'a pas été fait, le percepteur établit d'office, soit au domicile du contribuable, soit dans le lieu où existe le gage de l'impôt, un gardien chargé de veiller à sa conservation, en attendant qu'il puisse être procédé aux poursuites ultérieures, qui commenceront sous trois jours, au plus tard.

93. Lorsqu'il y a lieu d'appliquer les dispositions autorisées par les

1. Voyez à la fin du règlement, page 59.
2. Voyez à la fin du règlement, page 71.

articles 91 et 92 ci-dessus, le percepteur en informe le maire de la commune du contribuable, et en rend compte au receveur particulier, en lui demandant ses instructions.

Dans tous les cas, la vente ne peut être faite que dans la forme ordinaire.

DISPOSITIONS COMMUNES AUX POURSUITES DE DIVERS DEGRÉS.

94. Les bulletins de garnison collective ou individuelle ne sont sujets ni au timbre ni à l'enregistrement.

95. Les actes de commandement, saisie-arrêt, saisie-exécution, vente, et tous les autres actes y relatifs, doivent être sur papier timbré et enregistrés dans les quatre jours, non-compris celui de la date.

95 *bis*. Les originaux de commandements collectifs peuvent être rédigés sur la même feuille de papier timbré.

96. Les frais de sommation à des tiers, de saisie-arrêt, saisie-exécution, saisie-brandon, vente, et de tous les actes qui s'y rapportent, sont fixés conformément au tarif ci-annexé.

97. Seront enregistrés gratis les actes de poursuites et tous autres actes, tant en action qu'en défense, ayant pour objet le recouvrement des contributions publiques et de toutes autres sommes dues à l'État, ainsi que des contributions locales, lorsqu'il s'agira de cotes, droits ou créances, non excédant en total la somme de cent francs. (Art. 6 de la loi du 16 juin 1824) (1).

98. Lorsque, dans le délai de quatre jours mentionné à l'article 95, les contribuables se seront libérés intégralement, tous les actes de poursuites, les procès-verbaux de vente exceptés, non encore présentés à l'enregistrement, peuvent, quoique ayant pour objet le recouvrement de cotes excédant cent francs, être admis à la formalité *gratis*. Dans ce cas, indépendamment de l'annotation sur le répertoire, déjà prescrite par la décision du 28 juin 1822, les porteurs de contraintes doivent

---

1. Cette disposition doit être entendue en ce sens, que le droit est dû lorsque les contributions *d'un même exercice dans une même commune* s'élèvent à plus de 100 francs, et qu'il ne l'est pas quand la somme de 100 francs n'est dépassée que par la réunion des contributions de plusieurs exercices ou de plusieurs communes. (*Instruction de l'administration de l'enregistrement, du 25 mars 1850; circulaire ministérielle du 7 août suivant; autre circulaire du 12 juillet 1853. —* Quel que soit le nombre des exercices, il n'est dû, dans le premier cas, qu'un seul droit.

faire mention, sur l'acte de poursuite, de la libération intégrale du redevable, et faire certifier cette déclaration par le percepteur.

99. Chacun des actes de poursuites délivrés par les porteurs de contraintes et garnisaires, relate le prix auquel il a été taxé, sous peine de
nullité.

100. Les fixations déterminées pour les prix des divers actes de poursuites seront affichés dans chaque bureau de perception et à la mairie
de chaque commune.

101. Les receveurs particuliers des finances font imprimer et four-
nissent aux porteurs de contraintes et garnisaires, dans leurs arrondissements respectifs, les formules de bulletin de garnison collective, ceux
de garnison individuelle et de commandement, indiqués aux articles 46,
51 et 57, les états de frais dont il sera question à l'article 102, et généralc-
ment tous les modèles d'actes et de procès-verbaux relatifs aux poursuites.

Les actes de tous les degrés, sans exception, à distribuer aux contribuables, devront être imprimés sur un papier de couleur différente
pour chaque degré de poursuite. Les couleurs seront les mêmes dans
tous les départements; savoir :

Sommations sans frais	Sur papier vert.	
Bulletins de garnison collective. . . .	*Idem*	jaune.
Bulletins de garnison individuelle. . .	*Idem*	lilas.
Commandements	*Idem*	bleu.
Saisies.	*Idem*	rouge.
Ventes.	*Idem*	gris.
Actes conservatoires	*Idem*	blanc.

Chaque formule d'acte sera revêtue du cachet du receveur particulier
apposé à la main, et remis en compte, par ce dernier, aux agents de
poursuite.

Les frais d'impression déterminés d'avance par le préfet, sur la proposition du receveur général, sont payés par les receveurs particuliers,
et supportés, soit par les agents de poursuite, soit par les percepteurs,
soit enfin par les receveurs eux-mêmes, ainsi qu'il est réglé, pour chaque
nature de frais, par la décision ministérielle du 23 juillet 1822, notifiée aux receveurs des finances par la circulaire du 2 août 1822. Il ne
peut y avoir lieu à aucune répétition contre les contribuables pour le
prix de ces imprimés (1).

---

1. Voir à la fin du règlement, page 37.

101 *bis.* Tous ces imprimés (1) devront être timbrés à l'extraordinaire, par les soins des receveurs généraux, qui feront l'avance des frais de timbre pour ce qui concerne l'arrondissement du chef-lieu, et qui se feront tenir compte, par les receveurs particuliers, de ce qu'ils auront avancé momentanément pour les autres arrondissements.

QUATRIÈME PARTIE.

JUSTIFICATION, RÈGLEMENT ET RECOUVREMENT DES FRAIS DE POURSUITES.

102. Les listes nominatives constatant les poursuites exercées par voie de garnison, l'état des commandements signifiés et le bordereau des frais résultant de tous autres actes seront dressés en double expédition (2), certifiés par les agents de poursuites, signés par le percepteur, et adressés au receveur particulier, qui, après les avoir vérifiés, en arrêtera provisoirement le montant, et les remettra au sous-préfet avec les pièces dont ils doivent être accompagnés. Ces listes, états et bordereaux ne devront comprendre que les frais résultant de la contrainte qui aura prescrit les poursuites. Ils indiqueront les noms des retardataires, la somme pour laquelle chacun d'eux aura été poursuivi, la date des actes, le prix de chaque acte de poursuite, d'après les fixations arrêtées par le préfet. (*Modèles n°s 9, 10, 11, 12, 13.*)

Les porteurs de contraintes joindront à l'appui les originaux des actes de commandement, saisie et vente, et la contrainte ou autorisation en vertu de laquelle ils auront agi.

103. Le sous-préfet, après vérification, arrêtera et rendra exécutoires les états des frais. Il en tiendra registre et renverra sans retard les deux expéditions au receveur particulier (3).

104. Lorsque le receveur particulier, en vérifiant l'état des frais de poursuites, reconnaîtra des abus dans l'application des tarifs, il propo-

---

1. A partir du commandement inclusivement.
2. Lorsqu'il s'agit du recouvrement des produits communaux, l'état de frais est fait en simple expédition.
3. Le montant et la date de la taxe seront indiqués sur les contraintes pour les poursuites par garnison et par commandement, et sur l'état n° 8 (voir art. 53) pour les autres natures de poursuites.

sera au sous-préfet de réduire les frais à ce qui sera légitimement dû à l'agent des poursuites. Le sous-préfet peut opérer d'office cette réduction quand il le juge nécessaire.

105. Seront rejetés et mis à la charge de l'agent qui les aura exécutés, ou du comptable qui les aura provoqués :

1° Les frais de poursuites sujets à l'enregistrement, non constatés par la production des actes originaux ;

2° Les frais à l'appui desquels ne sera pas rapportée la contrainte ou l'autorisation spéciale du receveur particulier ;

3° Tous frais faits contre des contribuables notoirement insolvables, à l'époque où ils ont été poursuivis, ou pour des taxes résultant d'erreurs évidentes sur les rôles, dont le percepteur aurait négligé de demander la rectification ;

4° Les poursuites de toute nature exercées arbitrairement, ou dans un ordre contraire à celui qui est tracé par le présent règlement.

106. Les originaux des actes de poursuites et autres pièces produites à l'appui resteront déposés à la recette particulière, pour y avoir recours au besoin.

107. Le salaire et le prix des actes dus aux porteurs de contraintes et aux garnisaires seront payés par le receveur particulier, sur la quittance de ces agents, mise au pied d'une des expéditions des états définitivement arrêtés par le sous-préfet.

Il est expressément défendu aux percepteurs de payer directement les salaires et actes de poursuites aux porteurs de contraintes ou garnisaires.

108. Les receveurs particuliers seront tenus de constater dans leurs écritures, à deux comptes spéciaux, la totalité des sommes payées par eux pour frais de poursuites, et des remboursements qui leur en seront faits par les percepteurs.

Ils enverront successivement à la recette générale une des expéditions des états de frais acquittés par les agents de poursuites. Ces pièces seront produites à la cour des comptes par le receveur général, à l'appui de son compte annuel.

109. La seconde expédition des états de frais rendus exécutoires par le sous-préfet sera remise par le receveur particulier au percepteur, qui en deviendra comptable envers le receveur particulier, et sera chargé d'en suivre le recouvrement sur les contribuables y dénommés.

110. Le percepteur est tenu d'émarger sur lesdits états les paiements qui lui seront faits pour remboursement de frais, et d'en donner quittance de la même manière que pour les contributions directes.

110 *bis.* Si le contribuable poursuivi veut se libérer des frais sans attendre la taxe, il est admis à en consigner le montant entre les mains du percepteur, qui lui en donne une quittance détachée de son livre à souche, et émarge le paiement sur le double de la contrainte restée entre ses mains. (Art. 23.)

A la réception de l'état des frais taxés, le percepteur y émarge, jusqu'à concurrence des frais à la charge du contribuable, la somme provisoirement consignée par ce dernier. — Si elle excède, il tient compte de cet excédant au contribuable de la manière prescrite pour les excédants provenant des contributions directes. — Si, au contraire, la somme consignée ne couvre pas le montant des frais taxés, il suit le remboursement du surplus, conformément à ce qui est prescrit par l'article 109.

Dans tous les cas, en transportant au rôle les états de frais taxés, il émarge les sommes versées sur ces frais par les contribuables.

111. Tout contribuable taxé est en droit d'exiger du percepteur la communication de l'état de frais sur lequel il est porté.

112. Le percepteur prévenu d'avoir frauduleusement, soit avant, soit après la taxe, exigé des frais pour une somme plus forte que celle qui est fixée par le tarif, ou arrêtée dans l'état des frais, sera traduit devant les tribunaux pour y être jugé comme concussionnaire.

113. A la fin de chaque trimestre, les receveurs particuliers remettront au sous-préfet un état présentant, par nature de poursuites, les frais faits contre les contribuables en retard. Cet état sera transmis au préfet par le sous-préfet : les receveurs particuliers en adresseront un double, visé par ce dernier, au receveur général du département, qui le transmettra au ministère, après en avoir reconnu la conformité avec ses écritures. (*Modèle n° 14.*)

114. Indépendamment de la surveillance qui doit être exercée par l'autorité administrative sur les poursuites et les frais auxquels elles donnent lieu, le receveur général et les receveurs particuliers des finances sont tenus de prendre des informations sur la conduite des percepteurs, des porteurs de contraintes et des garnisaires, dans l'exercice des poursuites effectuées contre les contribuables; de s'assurer que lesdites poursuites ne sont faites que dans les cas prévus, dans les formes voulues

et suivant les tarifs arrêtés, et de provoquer des mesures de répression contre les abus qui parviendraient à leur connaissance. (1)

Le présent arrêté sera soumis à l'approbation de M. le Ministre des finances, et sera exécutoire à partir du 1er mars 1862 dans le département de Saône-et-Loire.

Fait à Mâcon, les jour, mois et an que dessus.

Le Préfet de Saône-et-Loire,

Signé : H. PONSARD.

1. Art. 25 et 26 de l'arrêté du 16 thermidor an VIII ; arrêt du conseil d'État du 8 janvier 1813.

Tarif général des frais de poursuites en matière de contributions directes, formant annexe au règlement sur les poursuites adopté dans le département de Saône-et-Loire.

NATURE DES ACTES ET FRAIS QUI EN RÉSULTENT. 1	SOMMES ALLOUÉES pour salaires. 2	TIMBRE. 3	ENREGIS- TREMENT en sus pour les cotes au-dessus de 100 fr. 4	TOTAL. 5
§ 1er. GARNISON COLLECTIVE.				
Prix fixe pour chaque bulletin remis aux contribuables en retard,				
Pour les cotes supérieures à 1 fr.	« 20	pap. libre	s. enreg.	« 20
Et pour toute cote de 1 fr. et au-dessous	« 10	*idem*	*idem*	« 10
§ 2. GARNISON A DOMICILE OU INDIVIDUELLE.				
Chaque journée, avec vivres et logement	2 50	pap. libre	s. enreg.	2 50
Idem, avec la représentation en numéraire des vivres et du logement	4 «	*idem*	*idem*	4 «
§ 3. COMMANDEMENT.				
Prix fixe pour l'original simple ou collectif et chaque copie signifiée, *tous frais de timbre et de transport* compris. (Indépendamment du droit d'enregistrement pour les cotes qui en sont passibles, voir art. 97.)	1 «	y compris le timbre	1 10	2 10
§ 4. SAISIE-ARRÊT OU OPPOSITION.				
Pour une opposition (original et copie au tiers saisi). . . .	1 50	« 70	1 10	3 30
Dénonciation au saisi avec assignation en validité (original et copie)	1 «	« 70	1 10	2 80
Dénonciation au tiers saisi de l'assignation en validité au débiteur (original et copie).	1 «	« 70	1 10	2 80
Assignation au tiers saisi en déclaration affirmative (original et copie)	1 «	« 70	1 10	2 80
TOTAL	4 50	2 80	4 40	11 70
§ 5. SAISIE-EXÉCUTION.				
Procès-verbal de saisie (original)	2 50	« 35	1 10	3 95
Copie au saisi, ou, en cas d'absence, au maire.	« 75	« 35	« «	1 10
Copie au gardien, quand ce n'est pas le saisi.	« 75	« 35	1 10	2 20
Salaire de deux témoins, à 1 f 50 chacun	3 «	« «	« «	3 «
TOTAL	7 «	1 05	2 20	10 25
AJOUTER le prix de deux journées de garnison individuelle en cas d'interruption de saisie non suivie de libération (art. 68 du règlement et les §§ 7 et 8 ci-après), ci	mémoire			

NATURE DES ACTES ET FRAIS QUI EN RÉSULTENT.	SOMMES ALLOUÉES pour salaires.	TIMBRE.	ENREGIS-TREMENT en sus pour les cotes au-dessus de 100 fr.	TOTAL.
1	2	3	4	5
§ 6. SAISIE-BRANDON.				
Procès-verbal (original).	2 50	« 35	1 10	˙3 95
Copie à la partie.	« 75	« 35	« «	1 10
Copie au gardien du séquestre.	« 75	« 35	1 10	2 20
Copie au maire	« 75	« 35	« «	1 10
Total	4 75	1 40	2 20	8 35
§ 7. SAISIE-EXÉCUTION INTERROMPUE POUR CAUSE DE LIBÉRATION.				
(Art. 68 du règlement.)				
Dans tous les cas prévus par l'article 68 du règlement sur les poursuites, le *prix de la journée* de garnison individuelle (y compris la représentation des vivres et du logement en numéraire) sera réduit à 2 fr. 50 cent. si le contribuable se libère dans la première journée, et à 2 fr. 25 cent. s'il ne se libère que le second jour; de manière que le coût de la saisie interrompue pour cause de libération soit ainsi fixé, savoir :				
Une journée de garnison individuelle	2 50			2 50
Deux journées (à 2 fr. 25 cent.)	4 50			4 50
Salaire de deux témoins à 1 fr. l'un	2 «			2 «
Timbre du procès-verbal de saisie interrompue	« «	« 35	s. enreg.	« 35
(*Circulaire du 5 octobre 1844.*)				
Total	9 «	« 35	« «	9 35
§ 8. SAISIE-BRANDON INTERROMPUE POUR CAUSE DE LIBÉRATION.				
(Art. 68 du règlement.)				
Même taxe que ci-dessus, moins le salaire des deux témoins.				
§ 9. FRAIS DE GARDIEN POUR LA SAISIE-EXÉCUTION.				
Huit premiers jours à 50 cent. chacun.	suivant le nombre de jours.			
Jours suivants à 25 cent. chacun				
§ 10. FRAIS DE GARDIEN POUR LA SAISIE-BRANDON.				
Garde champêtre, à 25 cent. par jour	suivant le nombre de jours.			
Toute autre personne à 50 cent. par jour				
§ 11. PROCÈS-VERBAL DE CARENCE.				
Porteur de contraintes.	2 «	pap. libre	enregistr. gratis	2 «
Deux témoins	1 «	idem	idem	1 «
Total.	3 «	«	«	3 «

NATURE DES ACTES ET FRAIS QUI EN RÉSULTENT.	SOMMES ALLOUÉES pour salaires.	TIMBRE.	ENREGISTREMENT en sus pour les cotes au-dessus de 100 fr.	TOTAL.
1	2	3	4	5
§ 12. FRAIS DE VENTE A LA SUITE DE LA SAISIE-EXÉCUTION.				
Procès-verbal de récolement avant la vente (original seulement)	2 50	« 35	1 10	3 95
Salaire de deux témoins	3 «	« «	« «	3 «
Procès-verbal d'apposition d'affiches auquel sera joint l'original de l'affiche	« 75	« 35	1 10	2 20
Original d'affiches et placards manuscrits	« 75	« 35	« «	1 10
Quatre affiches lorsque la vente aura lieu dans la commune, à 40 cent. chacune	1 60	1 40	« «	3 «
Une cinquième lorsque la vente se fera ailleurs	« 40	« 35	« «	« 75
Insertion de la vente au journal (s'il en existe)	mémoire	« «	« «	« «
Extrait de la déclaration de vente au receveur de l'enregistrement et du timbre	« 75	« 35	« «	1 10
Transport des effets saisis au lieu de la vente (à régler par le préfet, sur certificat du maire indiquant les prix locaux)	mémoire	« «	« «	« «
Procès-verbal de vente, vacation par jour (original seulement), la copie ou signification ne devant être délivrée que sur la demande de la partie	3 50	« 35	1 10	4 95
Copie lorsqu'elle sera demandée	1 «	« 35	« «	1 35
NOTA. Outre les frais dont le détail précède, il peut y avoir lieu de payer ceux d'annonce de la vente à son de caisse. Les procès-verbaux de vente doivent, comme tous les autres actes de poursuites relatifs au recouvrement des contributions publiques, être enregistrés gratis quand il s'agit de cotes, droits ou créances non excédant 100 francs. (Voir l'article 97 et la note.) Quand la cote est supérieure à 100 francs, il doit être perçu un droit fixe de 1 fr. 10 c., décime compris. (Instruction de l'administration de l'enregistrement, du 21 février 1846, et circulaire ministérielle du 24 juillet suivant.)				
TOTAL	14 25	3 85	3 30	21 40
§ 13. FRAIS DE VENTE A LA SUITE DE LA SAISIE-BRANDON.				
Ils sont les mêmes que ceux de la vente sur saisie-exécution, excepté qu'il n'y a pas de témoins à salarier	« «	« «	« «	« «
ACTES EXTRAORDINAIRES.				
§ 14. Sommation à un propriétaire ou un principal locataire de payer la contribution due par le locataire en cas de déménagement (original et copie)	2 «	« 70	1 10	3 80
§ 15. Sommation à un débiteur de deniers affectés au privilège du Trésor (original et copie)	2 «	« 70	1 10	3 80
§ 16. Procès-verbal de récolement en cas de saisie-exécution antérieure, contenant sommation au premier saisissant de vendre (original)	2 «	« 35	1 10	3 45
Copie au saisi	« 50	« 35	« «	« 85
Copie au gardien	« 50	« 35	1 10	1 95
Salaire des deux témoins, à 1 fr. 50 cent. chacun	3 «	« «	« «	3 «
TOTAL	6 «	1 05	2 20	9 25
§ 17. Même procès-verbal de récolement en cas de saisie-brandon antérieure, contenant sommation au premier saisissant de vendre (original)	2 «	« 35	1 10	3 45
Copie au saisi	« 50	« 35	« «	« 85
Copie au gardien	« 50	« 35	1 10	1 95
Copie au maire	« 50	« 35	« «	« 85
TOTAL	3 50	1 40	2 20	7 10

NATURE DES ACTES ET FRAIS QUI EN RÉSULTENT.	SOMMES ALLOUÉES pour salaires.	TIMBRE.	ENREGISTREMENT en sus pour les cotes au-dessus de 100 fr.	TOTAL.
1	2	3	4	5
§ 18. Procès-verbal de défaut de vente ou de renvoi (saisie-exécution) original..............	2 «	« 35	1 10	3 45
Copie à la partie...........................	« 50	» 35	« «	« 85
Copie au gardien...........................	» 50	» 35	1 10	1 95
TOTAL..........	3 «	1 05	2 20	6 25
§ 19. Procès-verbal de défaut de vente ou de renvoi (saisie-brandon) original.............	2 «	« 35	1 10	3 45
Copie à la partie...........................	« 50	« 35	« «	« 85
Copie au gardien...........................	» 50	» 35	1 10	1 95
Copie au maire.............................	» 50	« 35	« «	« 85
TOTAL..............	3 50	1 40	2 20	7 10
§ 20. Sommation à la partie saisie, non domiciliée dans la commune où la saisie a lieu, ou absente, de se trouver à la vente le jour indiqué au procès-verbal de renvoi....	1 50	« 70	1 10	3 30
§ 21. Procès-verbal constatant la non-représentation des objets saisis (original sans copie)..............	2 «	« 35	1 10	3 45
Salaire des deux témoins à 1 fr. chacun...........	2 «	« «	« «	2 «
TOTAL..........	4 «	« 35	1 10	5 45
§ 22. Sommation au saisissant, par le percepteur opposant, de faire vendre dans la huitaine (original et copie)....	2 «	« 70	1 10	3 80
§ 23. Exploit d'opposition sur le prix d'une vente à la requête de tiers (original).................	1 50	« 35	1 10	2 95
Copie au saisissant.........................	« 50	« 35	« «	« 85
Copie à l'huissier...........................	« 50	» 35	1 10	1 95
TOTAL..............	2 50	1 05	2 20	5 75
§ 24. Procès-verbal de rébellion (à régler spécialement par le préfet sur l'avis des maires et sous-préfets).......	mémoire			

ARRÊTÉ le présent tarif par nous, préfet du département de Saône-et-Loire.

A Mâcon, le 1er mars 1862.

H. PONSARD.

APPROUVÉ :

Le 6 février 1862.

Le ministre secrétaire d'État des finances,

ACHILLE FOULD.

Extrait du règlement général sur les poursuites, en date du 1er mars 1862.

(Voir la circulaire du 24 décembre 1839, § vi, 4e alinéa.)

« ART. 110 *bis.* Si le contribuable poursuivi veut se libérer des frais sans attendre la taxe, il est admis à en consigner le montant entre les mains du percepteur, qui lui en donne une quittance détachée de son livre à souche, et émarge le payement sur le double de la contrainte restée entre ses mains. (Art. 23.)

« A la réception de l'état des frais taxés, le percepteur y émarge, jusqu'à concurrence des frais à la charge du contribuable, la somme provisoirement consignée par ce dernier. — Si elle excède, il tient compte de cet excédant au contribuable de la manière prescrite pour les excédants provenant des contributions directes. — Si, au contraire, la somme consignée ne couvre pas le montant des frais taxés, il suit le remboursement du surplus, conformément à ce qui est prescrit par l'article 109.

« Dans tout les cas, en transportant au rôle les frais taxés, il émarge les sommes versées sur ces frais par les contribuables. »

NOMENCLATURE DES MODÈLES

JOINTS AU RÈGLEMENT SUR LES POURSUITES EN MATIÈRE DE CONTRIBUTIONS DIRECTES.

NUMÉROS.	DÉSIGNATION DES ACTES DE POURSUITES.	ARTICLES du RÈGLEMENT à consulter.
1	2	3
1.	Sommation gratis	21 et 21 *bis.*
2.	État des redevables à poursuivre par voie de { collective . . . . garnison . . . . { individuelle	24.
3.	Bulletin de garnison collective, à remettre à chaque contribuable.	46.
4.	Bulletin de garnison individuelle ou à domicile	51.
5.	Contrainte nominative pour la poursuite par voie de commandement . .	56.
5 *bis.*	Contrainte extérieure pour la poursuite par voie de commandement . . .	59, en note.
5 *ter.*	Extrait de rôle à annexer à la contrainte extérieure	59, en note.
6.	Original de commandement simple	57.
7.	Original de commandement collectif	58.
8.	État nominatif des contribuables à poursuivre par voie de saisie-exécution, de vente, de saisie-arrêt et autres actes extraordinaires	56.
9.	État de paiement des frais de garnisons . . . { collectives . . . . { individuelles	46 et 102.
10.	État de paiement des frais de commandement	51 et 102.
11.	État de paiement des frais de saisies et de gardiens	102.
12.	État de paiement des frais de vente	102.
13.	État de paiement des frais d'actes conservatoires et d'actes extraordinaires .	102.
14.	État trimestriel des frais faits dans chaque arrondissement	113.
15.	Commission de porteur de contraintes	33.

MODÈLE N° 1.

———

Art. 21 et 21 *bis*
du règlement.

———

DÉPARTEMENT
d

———

ARRONDISSEMENT
d

———

PERCEPTION
d

———

COMMUNE
d

———

ARTICLE
du rôle.

JOURS DE RECETTE :

A   , lieu
de la résidence
du percepteur,
les

A   , le
A   , le
A   , le
A   , le

SOMMATION SANS FRAIS.

———

LOI DU 15 MAI 1818, ARTICLE 51.

———

M.   , demeurant à

est requis de payer, sans retard, les termes échus de ses contributions.
Il est prévenu que, faute de paiement dans le délai de huit jours, les
poursuites ordonnées par les lois seront faites contre lui.

A   , le   18   .

Le percepteur des contributions directes,

DÉPARTEMENT
d

ARRONDISSEMENT
d

PERCEPTION
d

POURSUITE
PAR GARNISON COLLECTIVE OU INDIVIDUELLE.

*État des contribuables des communes de la perception d   qui, n'ayant pas
satisfait à la sommation gratis qui leur a été délivrée, sont passibles de la poursuite par
voie de garnison   , aux termes de l'article   de l'arrêté de
M. le préfet, en date du*

NUMÉROS D'ORDRE
de la série générale:

De la série particulière
à la perception :

Montant des frais :

Date de la taxe :

N°. d'ordre du présent état.	EXER-CICES	AR-TICLES des rôles.	NOMS des contribuables.	DEMEURES.	DATE de la somma-tion gratis.	Montant de la cote de l'exercice courant.	SOMMES DUES			NOMS et qualités DES PERSONNES auxquelles les bulletins ont été remis	JUSTIFICATION DU RECOUVREMENT DES FRAIS.			
							sur l'exercice courant.	sur les exercices antérieurs.	TOTAL.		DATE pour chaque con-tribuable de la remise des bulletins.	Coût de chaque bulletin de garnison.	Date du payement des frais avant la taxe, et numéro de la quittance du journal à souche.	
													Date.	Numéro.
1	2	3	4	5	6	7	8	9	10	11	12	13	14	15
			Commune d											

Vu et enregistré à la préfecture d , le présent état contenant articles,
sous le numéro .
pour être exécuté selon la forme et teneur.

Le

18

Le percepteur des contributions directes, soussigné, certifie le présent état véritable.

Fait en double expédition, à

18

CONTRAINTE (*) — Le receveur particulier de l'arrondissement d , percepteur de contributions directes,
Vu la demande faite par le sieur , tendant à être autorisé à faire poursuivre, par voie de
de la réunion d garnison , les contribuables au nombre de dénommés en l'état
qui précède;
En vertu des articles n°s de l'arrêté de M. le préfet, en date du 18

Enjoint au sieur , agent de poursuites, de se transporter au lieu de la
résidence dudit percepteur, à l'effet d'exercer, sous ses ordres et d'après sa direction, les poursuites par voie de garnison contre les redevables des communes

compris au présent état, qui lui sera remis par le percepteur.

Fait à , le 18 .

Le receveur particulier des finances,

Le percepteur des contributions directes, soussigné, requiert, en vertu de la contrainte ci-
dessus, le sieur , contre les redevables dénommés en l'état
qui précède, les poursuites par voie de garnison.

A , le 18 .

Je soussigné, porteur de contraintes, certifie avoir notifié aux contribuables désignés dans l'état
qui précède les bulletins de garnison qui les concernent, sauf ceux destinés aux contribuables qui
n'ont pas été trouvés au domicile indiqué, ni en leur absence aucune personne apte à recevoir les
bulletins, ainsi que je l'ai déclaré à MM. les maires de communes d

A , le 18 .

Blocs de certification du maire (répétés)

Vu par le maire de la commune
d , qui certifie
avoir fait publier la présente contrainte
le

Il certifie, en outre, que l'agent de
poursuites a déclaré n'avoir pu notifier les
bulletins inscrits sous les n°s
attendu que les individus
auxquels ils étaient destinés n'ont pas été
trouvés au domicile indiqué.

Ce 18

Vu par le maire de la commune
d , qui certifie
avoir fait publier la présente contrainte
le

Il certifie, en outre, que l'agent de
poursuites a déclaré n'avoir pu notifier les
bulletins inscrits sous les n°s
attendu que les individus
auxquels ils étaient destinés n'ont pas été
trouvés au domicile indiqué.

Ce 18

Vu par le maire de la commune
d , qui certifie
avoir fait publier la présente contrainte
le

Il certifie, en outre, que l'agent de
poursuites a déclaré n'avoir pu notifier les
bulletins inscrits sous les n°s
attendu que les individus
auxquels ils étaient destinés n'ont pas été
trouvés au domicile indiqué.

Ce 18

Vu par le maire de la commune
d , qui certifie
avoir fait publier la présente contrainte
le

Il certifie, en outre, que l'agent de
poursuites a déclaré n'avoir pu notifier les
bulletins inscrits sous les n°s
attendu que les individus
auxquels ils étaient destinés n'ont pas été
trouvés au domicile indiqué.

Ce 18

Vu par le maire de la commune
d , qui certifie
avoir fait publier la présente contrainte
le

Il certifie, en outre, que l'agent de
poursuites a déclaré n'avoir pu notifier les
bulletins inscrits sous les n°s
attendu que les individus
auxquels ils étaient destinés n'ont pas été
trouvés au domicile indiqué.

Ce 18

(*) Nota. Lorsque la contrainte sera décernée d'office par le receveur des finances, sur la représentation des rôles, elle sera libellée ainsi qu'il suit:
Le receveur particulier des finances de l'arrondissement d
Vu la situation du sieur , percepteur de la réunion d , et attendu qu'il résulte de l'inspection des rôles et des émargements que les contribuables des
communes sont en retard sur le paiement des termes échus de leurs contributions de l'année courante et des années antérieures;
En vertu des articles de l'arrêté de M. le préfet, en date du 18
Enjoint au sieur , agent de poursuites, , percepteur, à l'effet d'exercer, sous ses ordres et d'après sa direction,
les poursuites par voie de garnison collective ou individuelle, contre les redevables des communes d de se transporter au lieu de la résidence dudit sieur
comprises au présent état, qui lui sera remis par le percepteur
Fait à , le 18

Le receveur particulier des finances,

MODÈLE N° **3.**

Art. 46 du règlement.

DÉPARTEMENT

d

ARRONDISSEMENT

d

N° D'ORDRE DE LA CONTRAINTE.

PERCEPTION

d

CONTRIBUTIONS DIRECTES.

COMMUNE

d

BULLETIN DE GARNISON COLLECTIVE.

ARTICLE
du rôle.

MONTANT DE LA COTE :

ART. 46 DU RÈGLEMENT.
Le salaire de l'agent de poursuites employé à la garnison collective consiste en une somme *fixe* par bulletin de garnison.
Le prix de chaque bulletin est fixé à
dans les villes d
Dans les autres communes du département,

Et pour toute cote de *un franc et au-dessous*, le prix du bulletin de garnison est fixé invariablement à dix centimes.
Les frais sont payables entre les mains du percepteur, qui en doit quittance à souche.

JOURS DE RECETTES.
À   (*lieu de la résidence du percepteur*), les

À   , le
À   , le
À   , le

En exécution de la contrainte décernée par M. le receveur des finances de l'arrondissement, le   , contre les contribuables en retard des communes de   , de
et de   , et après les publications et sommations faites dans les délais voulus par la loi et les règlements,

M.   , demeurant à   est prévenu qu'il est soumis à la poursuite par garnison collective, et sommé de payer sous *trois jours* au plus tard, entre les mains du percepteur, la somme de   , dont il est redevable pour ses contributions. Ce délai expiré, il y sera contraint par voie de garnison individuelle ou de commandement, jusqu'à parfait paiement des termes échus.

Et pour que M.   n'en ignore, le présent, dont le coût est de   , a été laissé à son domicile, parlant à sa personne, (*ou*) en son absence, à

À   , ce   18 .

L'agent des poursuites,

MODÈLE N° 4.
Art. 51 du règlement.

DÉPARTEMENT
d

ARRONDISSEMENT
d

PERCEPTION
d

COMMUNE
d

ARTICLE
du rôle.

MONTANT DE LA COTE :

ART. 50 DU RÈGLEMENT.

La garnison ne peut être établie à domicile chez un contribuable, si ses contributions ne s'élèvent en totalité à
et si les termes dus ne s'élèvent au moins à

ART. 53 DU RÈGLEMENT.

Le prix de la journée de garnison à domicile, avec vivres et logement, est fixé à
et avec la représentation en argent des vivres et du logement, à
Les frais sont payables entre les mains du percepteur, qui en doit quittance à souche.

JOURS DE RECETTE.

A   (lieu de la résidence du percepteur), les

A   , le
A   , le
A   , le

N°   D'ORDRE DE LA CONTRAINTE.

CONTRIBUTIONS DIRECTES.

BULLETIN DE GARNISON A DOMICILE.

En exécution de la contrainte décernée par M. le receveur des finances de l'arrondissement, le   , contre les contribuables en retard des communes d   , et d   , et après les publications et sommations faites dans les délais voulus par la loi et les règlements,
M.   , demeurant à   est prévenu par moi   , porteur de contraintes (*ou garnisaire*), que je m'établis pour deux jours en garnison dans son domicile, à raison de   francs par jour, avec nourriture et logement, conformément à l'article 53 de l'arrêté de M. le préfet en date du   ; à défaut par M   de se libérer dans le délai de *trois jours* entre les mains du percepteur, il sera procédé contre lui par voie de commandement, saisie et vente

A   , le   18   .

L'agent des poursuites,

POURSUITES PAR COMMANDEMENT.

État des contribuables retardataires de la perception d'   contre lesquels le percepteur soussigné demande à faire exécuter les poursuites par voie de commandement, et subsidiairement par voie de saisie-exécution ou de saisie-brandon.

DÉPARTEMENT

d'

ARRONDISSEMENT

d'

PERCEPTION

d'

NUMÉROS D'ORDRE :
De la série générale :

De la série particulière à la perception :

Montant des frais :

Date de la taxe :

Commune d'

NUMÉROS D'ORDRE.	EXERCICES.	ARTICLE DU RÔLE.	NOMS des contri-buables.	DEMEURES.	MONTANT de la cote.	SOMMES EXIGIBLES		A-COMPTE payés.	SOMMES restant dues.	MONTANT des frais anté-rieurs.	TOTAL des SOMMES dues.	POURSUITES ANTÉRIEURES.		MONTANT des frais de comman-dement.	DATE du payement des frais avant la taxe et n°s des quittances	OBSERVATIONS.
						sur les exercices anté-rieurs.	sur l'exercice courant. TOTAL.					Numéro d'ordre de la contrainte	Date de la remise de l'acte.			Indiquer dans cette colonne la date de la libérat. montant de la poursuite.
1	2	3	4	5	6	7	8	9	10	11	12	13	14	15	16	17	18

Vu par le sous-préfet de l'arrondissement, pour être exécuté selon la forme et teneur.

A , le 18 .

Le percepteur des contributions directes, soussigné, requiert, en vertu de la contrainte ci-dessus, le sieur d'exercer contre les redevables dénommés en l'état qui précède les poursuites par voie de commandement.

A , le 18 .

Certifié et arrêté en double expédition par le percepteur soussigné,

A , le 18 .

Le receveur des finances soussigné, vu l'état ci-dessus des contribuables retardataires, au nombre de , de la perception d , enjoint au sieur , porteur de contraintes commissionné par M. le préfet, de se transporter au lieu de la résidence du sieur , percepteur, à l'effet d'exercer, contre ceux des redevables ci-dessus dénommés qui ne se seraient pas libérés à son arrivée, les poursuites par commandement, et de procéder ultérieurement, au besoin, par voie de saisie, en exécution de l'article de l'arrêté de M. le préfet, à la charge par ledit sieur , porteur de contraintes, de faire viser le présent par le maire ou son adjoint, et, en leur absence par l'un des membres du conseil municipal, à son arrivée dans chaque commune.

Fait en double expédition, à , le 18 .

Vu par le maire de la commune d qui certifie que la contrainte a été publiée le Le 18 .	Vu par le maire de la commune d qui certifie que la contrainte a été publiée le Le 18 .	Vu par le maire de la commune d qui certifie que la contrainte a été publiée le Le 18 .	Vu par le maire de la commune d qui certifie que la contrainte a été publiée le Le 18 .
Vu par le maire de la commune d qui certifie que la contrainte a été publiée le Le 18 .	Vu par le maire de la commune d qui certifie que la contrainte a été publiée le Le 18 .	Vu par le maire de la commune d qui certifie que la contrainte a été publiée le Le 18 .	Vu par le maire de la commune d qui certifie que la contrainte a été publiée le Le 18 .
Vu par le maire de la commune d qui certifie que la contrainte a été publiée le Le 18 .	Vu par le maire de la commune d qui certifie que la contrainte a été publiée le Le 18 .	Vu par le maire de la commune d qui certifie que la contrainte a été publiée le Le 18 .	Vu par le maire de la commune d qui certifie que la contrainte a été publiée le Le 18 .

MODÈLE N° 5 *bis.*

Art. 59 à 62 du règlement.

DÉPARTEMENT
d

ARRONDISSEMENT
d

PERCEPTION
d

CONTRAINTE-EXTÉRIEURE.

POURSUITES PAR COMMANDEMENT ET PAR SAISIE

CONTRE LES CONTRIBUABLES DOMICILIÉS DANS LA COMMUNE D , DÉPARTEMENT D

NUMÉROS		
du carnet de la recette particulière.	du carnet de la recette générale.	
	Débit.	Crédit.

État des contribuables retardataires de la perception d contre lesquels le percepteur soussigné demande à faire exécuter, s'il y a lieu, les poursuites par voie de commandement, et subsidiairement par voie de Saisie-exécution ou de saisie-brandon.

Montant des frais :
Date de la taxe :

N°s d'ordre	Indication des exercices sur lesquels porte l'arriéré.	Articles des rôles.	Noms des contribuables.	Communes où ils sont imposés.	Domicile des redevables.	Date de la sommation sans frais.	Montant des cotes.	Sommes exigibles.	A-compte payés.	Reste dû.	A ajouter les frais de poursuites antérieures.	Total pour lequel les contribuables doivent être poursuivis.	Sommes reçues par le percepteur chargé du recouvrement de la contrainte.	Sommes non recouvrées.	Observations.
1	2	3	4	5	6	7	8	9	10	11	12	13	14	15	16
						Totaux.									

CERTIFIÉ et ARRÊTÉ en simple expédition.

A , le 18 .

Le percepteur des contributions directes,

N°

Les contribuables ci-dessus désignés seront, pour obtenir le paiement des sommes portées au présent état, poursuivis, chacun en ce qui le

concerne, par les soins et à la diligence de **M.** le receveur   des finances de   par commandement
et au besoin, par la saisie et vente de leurs meubles, conformément aux lois et règlements.

A   , le   18

                                                        Le receveur

                                                        des finances,

                        Vu par nous,   préfet d   d

A   , le   18   .

                                                    Le préfet,

Le receveur   des finances d

Vu la contrainte ci-dessus, décernée par **M.** le receveur   des finances d

Enjoint au porteur de contraintes désigné pour exercer dans l'arrondissement de perception où demeurent actuellement les contribuables susnommés, lequel est dûment commissionné par M. le préfet, de se transporter à la résidence du percepteur de cet arrondissement de perception, à l'effet d'exercer, sous sa surveillance, contre lesdits contribuables, les poursuites par commandement, et, au besoin, de procéder ultérieurement par voie de saisie, en exécution de l'arrêté de M. le préfet, portant règlement sur les poursuites en matière de contributions directes, à la charge, par ledit porteur de contraintes; de faire viser la présente par le maire ou son adjoint, et, en leur absence, par l'un des membres du conseil municipal, à son arrivée dans chaque commune.

Fait à   , le   18   .

                                                        Le receveur

                                                        des finances,

                        Vu par nous   préfet d

A   , le   , pour être exécuté selon sa forme et teneur.

                                                    Le préfet,

OBSERVATIONS.

Les percepteurs chargés du recouvrement des contraintes extérieures ne peuvent se dispenser de faire précéder les poursuites de la sommation sans frais, à moins que cette formalité n'ait déjà été remplie par le percepteur à la demande duquel la contrainte a été décernée. (Art. 1130 de l'Instruction générale.)

Ils ont droit pour ces recouvrements à une remise de 1 fr. 50 c. p. °/₀. (Art. 1137 de l'Instruction générale.)

Ils ne doivent rien négliger pour amener les contribuables à se libérer de la totalité de leur cote, et ne pas oublier que le recouvrement des contraintes doit, à quelques rares exceptions près, être opéré dans le délai d'un mois à partir du jour de leur réception par les percepteurs.

MODÈLE N° 5 *ter*.

EXTRAIT DE ROLES

Présentant la situation de M*
à l'époque du   18 .

Art. 59 du règlement.

DÉPARTEMENT
d

ARRONDISSEMENT
d

PERCEPTION
d

COMMUNE
d

* Nom, prénoms, surnom, demeure et profession du contribuable.

Nota. Les extraits de rôles doivent être établis *en deux expéditions*, dont l'une est adressée au contribuable par le percepteur chargé du recouvrement.

1° CONTRIBUTIONS DIRECTES ET AUTRES TAXES.

Contributions directes d'après le rôle publié le 18 .
- Foncière (art.   ) . . . .
- Portes et fenêtres (art.   ) . . . .
- Personnelle-mobilière (art.   ) . . . .
- Patente (art.   ) . . . .

TOTAL. . . . .

Biens de mainmorte, exercice 18   (art.   ) . . . .
Poids et mesures, exercice 18   (art.   ) . . . .
Droit de visite chez les pharmaciens, etc., exercice 18   (art.   ) . .
Prestations pour chemins vicinaux, exercice 18   (art.   ) . . . .
Taxe municipale sur les chiens, exercice 18   (art.   ) . . . . . .
. . . .
. . . .

2° FRAIS DE POURSUITES.

SAVOIR :

Garnison collective du   . . . . . .
Commandement du   . . . . . .   } . . . .
. . . . . .

TOTAL GÉNÉRAL . . . .

À déduire les paiements faits, savoir :

Le   18 , d'après quittance n°   . . .
Le   18 ,   *idem*   n°   . . .   } . . . .
Le   18 ,   *idem*   n°   . . .

RESTE dû . . . .

Certifié et arrêté la présente situation à la somme de
restant due au percepteur soussigné, qui requiert le contribuable susnommé d'en effectuer, sans délai, le versement entre les mains du percepteur de sa résidence actuelle.

Fait en double à   , le   18 .

Le percepteur,

Sur la somme ci-dessus de F. . . . .
il a été recouvré celle de   , savoir :

Le   , suivant quittance n°   . . .
Le   ,   *idem*   n°   . . .   }
Le   ,   *idem*   n°   . . .

RESTE . . . .

dont le recouvrement n'a pu être effectué, attendu que

A   le   18 .

Le percepteur,

MODÈLE N° 6.

Art. 57 du règlement.

DÉPARTEMENT
d

ARRONDISSEMENT
d

COMMUNE
d

Le lieu du domicile
du percepteur est à

COMMANDEMENT.

N° D'ORDRE DE LA CONTRAINTE.

*Il appert des rôles des contributions directes
des années 18 , rendus exécutoires par
M. le préfet du département d
et publiés conformément à la loi, dans la
commune d , que le S^r ,
demeurant à , est débiteur,
savoir :*

Frais
du commandement.

Original, copie et
timbre . . . . . .
Enregistrement * . .

TOTAL . . . . .

* L'enregistrement
n'est dû que pour les
cotes au-dessus de 100
francs.

NUMÉRO d'ordre de la contrainte.	ARTICLES des rôles.	EXERCICES.	MONTANT de la cote.	SOMMES exigibles.	A-COMPTE payés.	SOMMES pour lesquelles le présent commandement a lieu.	TOTAL.	OBSERVATIONS.
1	2	3	4	5	6	7	8	9
		18 . . .						
		18 . . .						
		Frais						
		. . .			TOTAL			

En exécution de la contrainte décernée le , par le receveur particulier des finances, et
visée par M. le préfet, le S^r , porteur de contraintes, poursuivra, par voie de
commandement, ledit S^r , pour la somme énoncée ci-dessus.

Fait à , ce 18 .

Le percepteur,

L'an mil huit cent , le , en vertu de la contrainte décernée par M. le
receveur des finances de l'arrondissement d , département d
conformément à l'arrêté de M. le préfet dudit département, en date du et à la requête
du percepteur des contributions directes, demeurant à . , pour lequel domicile est élu dans
la commune d (*Indiquer ici le domicile élu dans la commune, et qui pourrait être ou à la
mairie ou à la maison dans laquelle le percepteur séjourne lorsqu'il vient faire la perception dans la commune.*)

Je soussigné (*nom et prénoms*), porteur de contraintes pour l'arrondissement d
département d , aux termes de la commission dont je suis porteur et qui m'a été délivrée
par M. le préfet dudit département d , sous la date du , demeurant à ,
ai fait commandement de par l'Empereur, la loi et justice, au sieur B. . . . . . (*nom, prénoms et profession
du contribuable*), demeurant à. . . . . (*demeure*), où étant en son domicile, en parlant à lui-même (*ou
bien*) parlant à. . . . . . (*indiquer la personne à qui le commandement a été remis*), ainsi déclaré,

De payer au percepteur de la susdite commune d , à son bureau de recette, la somme
de , montant des termes échus de la contribution de année 18 , ainsi qu'il résulte
d rôle desdites contributions, dont ledit percepteur est porteur; lequel rôle été rendu
exécutoire par M. le préfet du département d , et publié dans la commune d ,
conformément aux lois, sans préjudice des termes à échoir et des frais faits et à faire;

Et je lui ai déclaré que, faute par lui d'effectuer ledit paiement dans le délai de trois jours à dater du
présent, il y sera contraint par toutes les voies de droit, et notamment par la saisie-exécution et vente de
ses meubles et récoltes; et je lui ai, en son domicile, et parlant comme il vient d'être dit, laissé copie du
présent exploit, dont le coût est de

Signature du porteur de contraintes.

MODÈLE Nº 7.

Art. 58 du règlement.

Frais du commandement.

Original, copies et timbres . . . .
Euregistrement *. .

TOTAL. . .

* L'enregistrement n'est dû que pour les cotes au-dessus de 100 francs.

Extrait du règlement du . . .

ART. . Dans les villes d. . . . . . le prix du commandement, original, copie et timbre compris, est de . . . . . et dans les autres communes de. . . .

CONTRIBUTIONS DIRECTES.

COMMANDEMENT COLLECTIF

SOUMIS AU TIMBRE.

DÉPARTEMENT
d

ARRONDISSEMENT
d

PERCEPTION
d

Le lieu du domicile du percepteur est à

NUMÉRO d'ordre de la contrainte.	ARTICLES des rôles.	EXERCICES.	NOMS des contribuables.	DOMICILE.	MONTANT de la cote.	SOMMES exigibles.	A-COMPTE payés.	SOMMES pour lesquelles le présent commandement a lieu.	FRAIS taxés précédemment.	TOTAL.	OBSERVATIONS.
1	2	3	4	5	6	7	8	9	10	11	12
							TOTAL. . .				

En exécution de la contrainte décernée le , par le receveur particulier des finances, et visée par le préfet, le Sʳ , porteur de contraintes, poursuivra, par voie de commandement, les dénommés au présent état, pour les sommes énoncées ci-dessus.

Fait à , ce 18

Le percepteur,

L'an mil huit cent , le , en vertu de la contrainte décernée par M. le receveur des finances de l'arrondissement d , département d conformément à l'arrêté de M. le préfet dudit département, en date du , et à la requête du percepteur des contributions directes, demeurant à , pour lequel domicile est élu dans la maison où est établi son bureau de recette dans chaque commune,

Je soussigné (*nom et prénoms*), porteur de contraintes pour l'arrondissement d , département d , aux termes de la commission dont je suis porteur et qui m'a été délivrée par M. le préfet dudit département d , sous la date du , demeurant à , ai fait très-exprès commandement, au nom de l'Empereur, la loi et justice, aux contribuables dénommés dans le tableau qui précède et aux domiciles indiqués, de payer audit percepteur, savoir :

Le Sʳ , la somme de
Le Sʳ , celle de
Le Sʳ , celle de

Ainsi qu'il résulte des rôles desdites contributions, dont ledit percepteur est porteur, lesquels rôles ont été rendus exécutoires par M. le préfet du département d et publiés conformément aux lois, sans préjudice des termes à échoir et des frais faits et à faire.

Et je leur ai déclaré que, faute par eux d'effectuer ledit paiement dans le délai de trois jours à dater du présent, ils y seront contraints par toutes les voies de droit, et notamment par la saisie-exécution et vente de leurs meubles et récoltes; et j'ai à chacun d'eux laissé copie du présent, en son domicile, en parlant, savoir:

Pour ledit , à ; Pour ledit , à
Pour ledit , à ; Pour ledit , à
les jour, mois et an ci-dessus.

Le porteur de contraintes,

Le porteur de contraintes, conformément à l'article 98 du règlement, déclare s'être assuré que les contribuables portés sous les nᵒˢ se sont libérés intégralement dans le délai de quatre jours.

A le 18 .

Le porteur de contraintes,

CERTIFIÉ par le percepteur.

Le 18 .

Modèle n° 8.

Art. 63 du règlement.

DÉPARTEMENT
d

ARRONDISSEMENT
d

PERCEPTION
d

POURSUITE PAR VOIE DE

État des contribuables retardataires de la perception d
qui sont passibles de la poursuite par voie d

NUMÉROS d'ordre des contraintes nominatives.	DATES des contraintes	EXERCICE.	ARTICLES du rôle.	NOMS ET DEMEURES des contribuables.	MONTANT de la cote.	SOMMES exigibles.	A COMPTE payés.	RESTES à payer.	MONTANT des frais antérieurs.	TOTAL des sommes dues.	MONTANT des frais nouveaux suivant le tarif.	EXCÉDANT à restituer sur les frais perçus avant la taxe.	DATE du paiement des frais perçus avant la taxe.	NUMÉROS des quittances du journal à souche.
1	2	3	4	5	6	7	8	9	10	11	12	13	14	15
				Commune d										
				Totaux. . . .										

Le percepteur des contributions directes, soussigné, certifie le présent état véritable, et en vertu de la contrainte décernée le 18 , par M. le receveur des finances, et visée par M. le préfet le 18 , requiert le sieur d'exercer contre les redevables ci-dessus dénommés les poursuites par voie de

Fait en double expédition, à le 18 .

Le percepteur,

DÉPARTEMENT

d

ARRONDISSEMENT

d

PERCEPTION

d

ANNÉE 18 .

ÉTAT DE PAIEMENT

DES FRAIS DE GARNISONS { COLLECTIVES. / INDIVIDUELLES.

MODÈLE N° 9.

Art. 46 et 102 du règlement.

N° D'ORDRE
de la
recette des finances.

État des sommes dues au sieur , *agent de poursuites,*
employé à la poursuite par voie de garnison { *collective,* / *individuelle,* } *dans les communes*
d , *en exécution de la contrainte*
décernée le *par M. le receveur particulier des finances.*

NUMÉROS d'ordre de la contrainte nominative.	ARTICLES du rôle.	NOMS des CONTRIBUABLES.	MONTANT des rôles.	SOMMES pour lesquelles les contribuables ont été poursuivis.	MONTANT DES FRAIS		DATE du paiement des frais.	NUMÉROS des quittances du journal à souche.	OBSERVATIONS
					établis dans l'état de garnison.	taxés par le sous-préfet.			
1	2	3	4	5	6	7	8	9	10
		Commune d du	18 .						
				A reporter					
				Report . .					
				Totaux.					

Certifié véritable par le porteur de contraintes le présent état montant à la somme de
F. et comprenant contribuables.
Fait en double expédition. à , le 18 .

Vérifié par le percepteur des contributions directes de la réunion de perception d

A , le 18 .

Vu et arrêté par le receveur particulier le présent état de frais montant à la somme de

A , le 18 .

Je, soussigné, porteur de contraintes, certifie avoir reçu des mains de M. le receveur particulier la somme énoncée ci-contre pour le prix des garnisons exécutées contre les contribuables désignés au présent état.

A , le 18 .

Arrêté par le préfet d le présent état montant à la somme de , laquelle somme sera payée au sieur , agent de poursuites, par M. le receveur particulier, et recouvrée par le percepteur d sur les contribuables ci-dessus dénommés.

A , le 18 .

MODÈLE N° 10.

Art. 51 et 102 du règlement.

N°   D'ORDRE
de la
recettes des finances.

DÉPARTEMENT
d

ARRONDISSEMENT
d

PERCEPTION
d

ANNÉE 18

ÉTAT DE PAIEMENT
DES FRAIS DE COMMANDEMENTS.

État des sommes dues au sieur   , porteur de contraintes, pour les commandements qu'il a faits et délivrés dans l   communes d   en exécution de contrainte décernée le   par le receveur particulier de l'arrondissement d aux contribuables en retard.

NUMÉROS D'ORDRE de la contrainte nominative.	ARTICLE DU RÔLE.	NOMS des CONTRIBUABLES.	DATE des dernières contraintes par voie de garnisons.	MONTANT des cotes.	SOMMES pour lesquelles les contribuables ont été poursuivis.	MONTANT DES FRAIS de commandements. établis dans l'état d'autorisation.	taxés par le sous-préfet.	DATE du paiement des frais taxés.	NUMÉROS DES QUITTANCES du journal à souche.	OBSERVA-TIONS.
1	2	3	4	5	6	7	8	9	10	11
		COMMUNE d du 18 .								
					A reporter					
					Report . .					
					TOTAUX.					

Certifié véritable par le porteur de contraintes le présent état montant à la somme de
F.   et comprenant   contribuables.
Fait en double expédition,   à   , le   18   .

Vérifié par le percepteur des contributions directes de la réunion de perception d

A   , le   18   .

Vu et arrêté par le receveur particulier le présent état de frais montant à la somme de

A   , le   18   .

Je, soussigné, porteur de contraintes, certifie avoir reçu des mains de M. le receveur particulier la somme énoncée ci-contre pour le prix des *commandements* signifiés aux contribuables désignés au présent état.

A   , le   18 .

Arrêté par le préfet d   le présent état montant à la somme de   , laquelle somme sera payée au sieur   , agent de poursuites, par M. le receveur particulier, et recouvrée par le percepteur d   sur les contribuables ci-dessus dénommés.

A   , le   18   .

MODÈLE N° 11.

Art. 102 du règlement.

DÉPARTEMENT
d

ARRONDISSEMENT
d

PERCEPTION
d

N° D'ORDRE
de la
recette des finances.

ANNÉE 18

ÉTAT DE PAIEMENT
DES FRAIS DE SAISIES ET DE GARDIENS.

État des sommes dues au sieur, porteur de contraintes , pour les saisies qu'il a faites et les frais de gardiens dans l commune d en exécution d contrainte décernée le 18 par le receveur particulier, aux contribuables en retard.

Nota. Lorsqu'il y a lieu à l'exemption du droit d'enregistrement des actes de poursuites par suite de la libération intégrale du contribuable dans le délai de quatre jours, le percepteur doit certifier cette libération dans la colonne d'observations. (Art. 98 du règlement).

NOMBRE D'ORDRE des articles sur la contrainte nominative.	DATES des con-traintes.	ARTICLE DU RÔLE de l'exercice courant.	NOMS des CONTRIBUABLES.	DÉTAIL DES FRAIS DUS par chacun d'eux.	DATE des comman-dements.	MONTANT des cotes.	SOMMES pour lesquelles les con-tribuables ont été pour-suivis.	MONTANT des FRAIS DE SAISIES provisoires établis dans l'état d'aver-toriation.	MONTANT des FRAIS DE SAISIES définitifs taxés par le sous-préfet.	DATE du paiement des frais taxés.	NOMBRE DES QUITTANCES du journal à souche.	JOUR FIXÉ pour la vente.	OBSERVA-TIONS.
1	2	3	4	5	6	7	8	9	10	11	12	13	14
			Commune d 18 du Commune d 18	Original . . . . (Copie à la partie . . . (Copie au gardien . . . (Copie au maire (a) . . . 'Témoins (a) . . . . . 'Timbre . . . . Enregistrement . . . . . TOTAL									
			(a) En cas de saisie-brandon. (b) Sur saisie-exécution seulement.			TOTAUX . . .						

Certifié véritable par le porteur de contraintes le présent état montant à la somme de F. et comprenant contribuables.
Fait en double expédition, à , le 18 .

Vérifié par le percepteur des contributions directes de la réunion de perception d
A , le 18

Arrêté par le préfet
de
laquelle somme sera payée au sieur et recouvrée par le percepteur d
A
, le 18

Vu et arrêté par le receveur particulier le présent état montant à la somme de
A , le 18 .

le présent état montant à la somme reçu des mains de M. le receveur particulier, agent de poursuites, par M. le percepteur d sur les contribuables ci-dessus dénommés.
, le 18

Je soussigné, porteur de contraintes, certifie avoir reçu des mains de M. le receveur particulier la somme dénommée ci-contre, pour le prix de saisies faites au domicile des contribuables désignés au présent état.
A , le 18 .

MODÈLE N° 12.

Art. 102 du règlement.

DÉPARTEMENT d

ARRONDISSEMENT d

PERCEPTION d

ANNÉE 18 .

ÉTAT DE PAIEMENT
DES FRAIS DE VENTE.

État des sommes dues au sieur , porteur de contraintes ou commissaire-priseur
pour la vente des objets mobiliers saisis sur les contribuables en retard de commune d

NOTA. Lorsqu'il y a lieu à l'exemption du droit d'enregistrement des actes de poursuites autres que le procès-verbal de vente par suite de la libération du contribuable dans le délai de quatre jours, le percepteur doit certifier cette libération dans la colonne d'observations. (Art. 98 du règlement.)

NUMÉRO D'ORDRE des articles sur la contrainte nominative.	DATES des autorisations de vente.	ARTICLE DU ROLE de l'exercice courant.	NOMS des contribuables.	DÉTAIL DES FRAIS DUS par chacun d'eux.	DATES des procès-verbaux de saisie.	MONTANT des cots.	SOMMES pour lesquelles les contribuables ont été poursuivis.	SOMMES dues pour frais relatifs à la vente.	MONTANT de ces frais taxés par le sous-préfet.	DATE du paiement des frais taxés.	NUMÉROS DES QUITTANCES du journal à souche.	OBSERVATIONS. (Colonne réservée pour certifier s'il y a lieu à la libération du contribuable).
1	2	3	4	5	6	7	8	9	10	11	12	13
			Commune d du	Arrolement (orig.) 1A								
				Témoins*								
				Procès-verbal d'affichage (original)								
				Affiches et placards								
				Insert. en Journal judic.								
				Décl. à l'enregistrement								
				Transp. des effets saisis.								
				Procès-verbal de vente (original)								
				Copie (si elle a été demandée)								
				TOTAL . . .								
							TOTAUX . . .					

* En cas de vente sur saisie-brandon, l'assistance des témoins n'est pas prescrite.

Certifié véritable par le porteur de contraintes le présent état montant à la somme de et comprenant
Fait en double expédition, à contribuables.
le 18 .

Vérifié par le percepteur des contributions directes de la réunion de perception d
A le

Vu et arrêté par le receveur particulier le présent état montant à la somme de
A le 18 .

Arrêté par le préfet d
de au sieur
et recouvrée par le percepteur d
A le

Je soussigné , porteur de contraintes, certifie avoir reçu des mains de M. le receveur particulier la somme dénommée ci-contre pour prix des ventes faites au domicile des contribuables désignés au présent état.
18.
A le

le présent état montant à la somme laquelle sera payée , agent de poursuites, par M. le receveur particulier, sur les contribuables ci-dessus dénommés.
le 18 .

N° D'ORDRE de la recette des finances.

ARRONDISSEMENT

d

PERCEPTION

d

de la recette des finances.

ÉTAT DE PAIEMENT

DES FRAIS D'ACTES CONSERVATOIRES ET D'ACTES EXTRAORDINAIRES.

État des sommes dues au sieur   , *porteur de contraintes, chargé par le percepteur de*

commune d   *de la poursuite par voie d*   *contribuables ci-après dénommés.*

NOTA. Lorsqu'il y a lieu à l'exemption du droit d'enregistrement des actes de poursuites autres que le procès-verbal de vente par suite de la libération du contribuable dans le délai de quatre jours, le percepteur doit certifier cette libération dans la colonne d'observations. (Art. 98 du règlement.)

NUMÉROS D'ORDRE des articles sur la contrainte nominative.	ARTICLES DU ROLE de l'exercice courant.	NOMS des contribuables.	DÉTAIL des frais dus par chacun d'eux.	NOMS des tiers auxquels les actes ont été signifiés.	MONTANT des actes.	SOMMES pour lesquelles les contribuables ont été poursuivis.	SOMMES dues pour frais détaillés ci-contre.	MONTANT des frais taxés par le sous-préfet.	DATE du paiement des frais taxés.	NUMÉROS des quittances du journal à souche.	OBSERVATIONS.
1	2	3	4	5	6	7	8	9	10	11	12
		Commune d du	SAISIE-ARRÊT OU OPPOSITION. Original et copie au tiers saisi. DÉNONCIATION AU SAISI. Original et copie. DÉNONCIATION AU TIERS SAISI. Original et copie. DÉCLARATION AFFIRMATIVE. Original et copie.								Colonne réservée pour certifier, s'il y a lieu, la libération du contribuable.
			TOTAUX.								
						TOTAUX.					

Certifié véritable par le porteur de contraintes le présent état montant à la somme de   et comprenant   contribuables.

Fait en double expédition, à   le   18

Je soussigné, porteur de contraintes, certifie avoir reçu des mains de M. le receveur particulier la somme énoncée ci-contre, pour prix des actes faits contre les contribuables désignés au présent état.

A   le   18

Vérifié par le percepteur des contributions directes de la réunion de perception d

A   le   18

Arrêté par le   préfet d

de   au sieur

et recouvrée par le percepteur d

A

Vu et arrêté par le receveur particulier le présent état montant à la somme de

A   le   18

le présent état montant à la somme   laquelle somme sera payée   agent de poursuites, par M. le receveur particulier, sur les contribuables ci-dessus dénommés.

le   18

CONTRIBUTIONS DIRECTES.

ÉTAT GÉNÉRAL DES POURSUITES

dirigées contre les contribuables de l'arrondissement d , du 1er janvier jusqu'au dernier jour du ° trimestre.

TRIMESTRE 18 .

DÉSIGNATION des perceptions.	NOMS des percepteurs.	Montant des rôles de l'année courante.	Nombre des articles de rôles.	Moyenne des cotes.	FRAIS TAXÉS DU 1er JANVIER AU															MONTANT des recouvrements bruts faits jusqu'au dernier jour du trimestre sur tous les exercices.	PROPORTION des frais avec les recouvrements. (*)
					GARNISONS				COMMANDEMENTS.		SAISIES et frais de gardiens.		VENTES.		ACTES conservatoires.		TOTAL.			
					collectives.		individuelles.													
					Nombre des actes.	Montant des frais.	Nombre des actes.	Montant des frais.	Nombre des actes.	Montant des frais.	Nombre des actes.	Montant des frais.	Nombre des actes.	Montant des frais.	Nombre des actes.	Montant des frais.	Nombre des actes.	Montant des frais.		
1	2	3	4	5	6	7	8	9	10	11	12	13	14	15	16	17	18	19	20	21
TOTAUX																				
Situation à la même époque de l'année précédente																				
DIFFÉRENCES { en plus . . . . . en moins																				

Je soussigné, receveur particulier de l'arrondissement d , certifie le présent état véritable et conforme tant à mes écritures qu'aux justifications qui m'ont été fournies.

A , le 18 .

Vu par le sous-préfet de l'arrondissement d

A , le

(*) La proportion des frais doit être tirée en francs, et l'on doit faire ressortir le tant par mille.

Observations sur la marche des poursuites pendant le trimestre.

CONTRIBUTIONS DIRECTES.

COMMISSION

DE PORTEUR DE CONTRAINTES.

Le préfet du département d   sur la
désignation faite par M.   , sous-préfet de
l'arrondissement d   , en suite de la proposition
de M.   , receveur des finances dudit arrondissement, commissionne, par ces présentes, porteur de contraintes à
l'effet d'exercer les poursuites relatives au recouvrement des contributions directes dans l'arrondissement d
le sieur (*nom, prénoms et âge*), lequel entrera en fonctions de ce
jour, tant en vertu de la présente commission que de la prestation du
serment par lui faite entre les mains de M. le sous-préfet dudit arrondissement d

Le sieur   se conformera, sous les ordres
du receveur des finances près duquel il est placé, aux dispositions des
lois, arrêtés et règlements relatifs à ses fonctions, et spécialement à
celles de l'arrêté du (*date de l'arrêté de la préfecture*), sur le mode
de poursuites dans le département d

Fait à   , le   18

Le préfet du département ,

5

DÉCISION MINISTÉRIELLE DU 23 JUILLET 1822.

Classement par ordre des différents degrés de poursuites en matière de contributions directes, et indication des agents qui doivent supporter les frais des imprimés servant à ces poursuites et dont l'emploi est prescrit par les réglements.

N° 1er.	Sommation *gratis*	A la charge du percepteur, vu que l'obligation en est imposée par les lois des 25 mars 1817 et 15 mai 1818.
2.	Bulletin de garnison collective.	A la charge de l'agent de poursuites, lequel en est couvert par le salaire qui lui est alloué.
3.	État des redevables à poursuivre par voie de garnison collective ou individuelle.	A la charge du percepteur, attendu que cet état est un relevé fait sur les rôles et la conséquence des devoirs du percepteur.
4.	Bulletin de garnison individuelle	A la charge de l'agent de poursuites, qui en est couvert par le salaire qui lui est alloué.
5, 5 *bis*, 5 *ter* et 8.	États des contribuables à poursuivre par voie de commandement, de saisie-exécution et autres actes extraordinaires.	A la charge du percepteur, par les motifs donnés pour les n°s 1 et 2.
6 et 7.	Originaux et copies de commandements, saisies, ventes, affiches, etc.	A la charge du porteur de contraintes, dont le salaire est réglé en conséquence.
9.	État de paiement des frais de garnison collective ou individuelle.	
10.	*Idem* de commandement	
11.	*Idem* de saisie	A la charge du percepteur.
12.	*Idem* de vente	
13.	*Idem* d'actes conservatoires et extraordinaires	
14.	État général et trimestriel des frais faits dans chaque arrondissement.	A la charge des receveurs particuliers, comme pièce résultant de leur gestion et de leur comptabilité.

Paris, le   18

APPROUVÉ :

Le ministre, secrétaire d'État des finances,

EXTRAIT

DU CODE DE PROCÉDURE CIVILE.

TITRE VII.

DES SAISIES-ARRÊTS OU OPPOSITIONS.

Art. 557. Tout créancier peut, en vertu de titres authentiques ou privés, saisir-arrêter entre les mains d'un tiers les sommes et effets appartenant à son débiteur, ou s'opposer à leur remise.

558. S'il n'y a pas de titre, le juge du domicile du débiteur, et même celui du domicile du tiers-saisi, pourront, sur requête, permettre la saisie-arrêt et opposition.

559. Tout exploit de saisie-arrêt ou opposition, fait en vertu d'un titre, contiendra l'énonciation du titre et de la somme pour laquelle elle est faite : si l'exploit est fait en vertu de la permission du juge, l'ordonnance énoncera la somme pour laquelle la saisie-arrêt ou opposition est faite, et il sera donné copie de l'ordonnance en tête de l'exploit.

Si la créance pour laquelle on demande la permission de saisir-arrêter n'est pas liquide, l'évaluation provisoire en sera faite par le juge. L'exploit contiendra aussi élection de domicile dans le lieu où demeure le tiers saisi, si le saisissant n'y demeure pas, le tout à peine de nullité.

560. La saisie-arrêt ou opposition entre les mains de personnes non demeurant en France, sur le continent, ne pourra point être faite au domicile du procureur du roi, elle devra être signifiée à personne ou à domicile.

561. La saisie-arrêt ou opposition formée entre les mains des receveurs, dépositaires ou administrateurs de caisses ou deniers publics, en cette qualité, ne sera point valable si l'exploit n'est fait à la personne préposée pour le recevoir, et s'il n'est visé par elle sur l'original, ou, en cas de refus, par le procureur du roi.

562. L'huissier qui aura signé la saisie-arrêt ou opposition sera tenu, s'il en est requis, de justifier de l'existence du saisissant à l'époque où le pouvoir de saisir a été donné, à peine d'interdiction, et des dommages et intérêts des parties.

563. Dans la huitaine de la saisie-arrêt ou opposition, outre un jour pour trois myriamètres de distance entre le domicile du tiers saisi et celui du saisissant, et un jour pour trois myriamètres de distance entre le domicile de ce dernier et celui du débiteur saisi, le saisissant sera tenu de dénoncer la saisie-arrêt ou opposition au débiteur saisi, et de l'assigner de validité.

564. Dans un pareil délai, outre celui en raison des distances, à compter du jour de la demande en validité, cette demande sera dénoncée, à la requête du saisissant, au tiers saisi, qui ne sera tenu de faire aucune déclaration avant que cette dénonciation lui ait été faite.

565. Faute de demande en validité, la saisie ou opposition sera nulle : faute de dénonciation de cette demande au tiers saisi, les paiements par lui faits jusqu'à la dénonciation seront valables.

566. En aucun cas il ne sera nécessaire de faire précéder la demande en validité par une citation en conciliation.

567. La demande en validité, et la demande en mainlevée formée par la partie saisie, seront portées devant le tribunal du domicile de la partie saisie.

568. Le tiers saisi ne pourra être assigné en déclaration, s'il n'y a titre authentique, ou jugement qui ait déclaré la saisie-arrêt ou l'opposition valable.

569. Les fonctionnaires publics dont il est parlé à l'article 561 ne seront point assignés en déclaration, mais ils délivreront un certificat constatant s'il est dû à la partie saisie, et énonçant la somme, si elle est liquide.

570. Le tiers saisi sera assigné, sans citation préalable, en conciliation, devant le tribunal qui doit connaître de la saisie; sauf à lui, si la déclaration est constatée, à demander son renvoi devant son juge.

571. Le tiers saisi assigné fera sa déclaration et l'affirmera au greffe, s'il est sur les lieux; sinon devant le juge de paix de son domicile, sans qu'il soit besoin, dans ce cas, de réitérer l'affirmation au greffe.

572. La déclaration et l'affirmation pourront être faites par procuration spéciale.

573. La déclaration énoncera les causes et le montant de la dette; les paiements à-compte, si aucuns ont été faits; l'acte ou les causes de libération, si le tiers saisi n'est plus débiteur, et, dans tous les cas, les saisies-arrêts ou oppositions formées entre ses mains.

574. Les pièces justificatives de la déclaration seront annexées à cette déclaration; le tout sera déposé au greffe, et l'acte de dépôt sera signifié par un seul acte contenant constitution d'avoué.

575. S'il survient de nouvelles saisies-arrêts ou oppositions, le tiers saisi les dénoncera à l'avoué du premier saisissant, par extrait contenant les noms et élection de domicile des saisissants, et les causes des saisies-arrêts ou oppositions.

576. Si la déclaration n'est pas contestée, il ne sera fait aucune procédure, ni de la part du tiers saisi, ni contre lui.

577. Le tiers saisi qui ne fera pas sa déclaration ou qui ne fera pas les justifications ordonnées par les articles ci-dessus sera déclaré débiteur pur et simple des causes de la saisie.

578. Si la saisie-arrêt ou opposition est formée sur effets mobiliers, le tiers saisi sera tenu de joindre à sa déclaration un état détaillé desdits effets.

579. Si la saisie-arrêt ou opposition est déclarée valable, il sera procédé à la vente et distribution du prix, ainsi qu'il sera dit au titre de la distribution par contribution.

580. Les traitements et pensions dus par l'État ne pourront être saisis que pour la portion déterminée par les lois ou par les règlements et ordonnances royales.

581. Seront insaisissables : 1° les choses déclarées insaisissables par la loi; 2° les provisions alimentaires adjugées par justice; 3° les sommes et objets disponibles déclarés insaisissables par le testateur ou donateur ; 4° les sommes et pensions pour aliments, encore que le testament ou l'acte de donation ne les déclare pas insaisissables.

582. Les provisions alimentaires ne pourront être saisies que pour cause d'aliments; les objets mentionnés aux n°s 3 et 4 du présent article pourront être saisis par des créanciers postérieurs à l'acte de donation ou à l'ouverture du legs, et ce en vertu de la permission du juge, et pour la portion qu'il déterminera.

TITRE VIII.

DES SAISIES-EXÉCUTIONS.

583. Toute saisie-exécution sera précédée d'un commandement à la personne ou au domicile du débiteur, fait au moins un jour avant la saisie, et contenant notification du titre, s'il n'a déjà été notifié.

584. Il contiendra élection de domicile jusqu'à la fin de la poursuite, dans la commune où doit se faire l'exécution, si le créancier n'y demeure, et le débiteur pourra faire à ce domicile élu toutes significations, même d'offres réelles et d'appel.

585. L'huissier sera assisté de deux témoins, français, majeurs, non parents ni alliés des parties ou de l'huissier jusqu'au degré de cousin issu de germain inclusivement, ni leurs domestiques; il énoncera sur le procès-verbal leurs noms, professions et demeures : les témoins signeront l'original et les copies. La partie poursuivante ne pourra être présente à la saisie.

586. Les formalités des exploits seront observées dans les procès-verbaux de saisie-exécution; ils contiendront itératif commandement, si la saisie est faite en la demeure du saisi.

587. Si les portes sont fermées, ou si l'ouverture en est refusée, l'huissier pourra établir gardien aux portes pour empêcher le divertissement : il se retirera sur-le-champ, sans assignation, devant le juge de paix, ou, à son défaut, devant le commissaire de police, et, dans les communes où il n'y en

a pas, devant le maire, ou, à son défaut, devant l'adjoint, en présence desquels l'ouverture des portes, même celle des meubles fermants, sera faite au fur et à mesure de la saisie. L'officier qui se transportera ne dressera point de procès-verbal; mais il signera celui de l'huissier, lequel ne pourra dresser du tout, qu'un seul et même procès-verbal.

588. Le procès-verbal contiendra la désignation détaillée des objets saisis : s'il y a des marchandises, elles seront pesées, mesurées ou jaugées, suivant leur nature.

589. L'argenterie sera spécifiée par pièces et poinçons, et elle sera pesée.

590. S'il y a des deniers comptants, il sera fait mention du nombre et de la qualité des espèces; l'huissier les déposera au lieu établi pour les consignations, à moins que le saisissant et la partie saisie, ensemble les opposants, s'il y en a, ne conviennent d'un autre dépositaire.

591. Si le saisi est absent, ou qu'il y ait refus d'ouvrir aucune pièce ou meuble, l'huissier en requerra l'ouverture, et, s'il se trouve des papiers, requerra l'apposition des scellés par l'officier appelé pour l'ouverture.

592. Ne pourront être saisis : 1° les objets que la loi déclare immeubles par destination (1); 2° le coucher nécessaire des saisis, ceux de leurs enfants vivant avec eux, les habits dont les saisis sont vêtus et couverts; 3° les livres relatifs à la profession du saisi, jusqu'à la somme de 300 francs, à son choix; 4° les machines et instruments servant à l'enseignement pratique ou exercice des sciences et arts, jusqu'à concurrence de la même somme, et au choix du saisi; 5° les équipements des militaires, suivant l'ordonnance et le grade; 6° les outils des artisans, nécessaires à leurs occupations person-

---

1. *Article* 524 *du Code Napoléon :* — «Les objets que le propriétaire d'un fonds « y a placés pour le service et l'exploitation de ce fonds sont immeubles par destina- « tion. — Ainsi, sont immeubles par destination, quand ils ont été placés par le pro- « priétaire pour le service et l'exploitation du fonds, — les animaux attachés à la « culture, — les ustensiles aratoires; — les semences données aux fermiers ou « colons partiaires; — les pigeons des colombiers; — les lapins des garennes; — « les ruches à miel; — les poissons des étangs; — les pressoirs, chaudières, alam- « bics, cuves et tonnes; — les ustensiles nécessaires à l'exploitation des forges, « papeteries et autres usines; les pailles et engrais. — Sont aussi immeubles par des- « tination, tous effets mobiliers que le propriétaire a attachés au fonds à perpétuelle « demeure. »

Article 525 *du même Code :* « Le propriétaire est censé avoir attaché à son fonds « des effets mobiliers à perpétuelle demeure, quand ils y sont scellés en plâtre ou à « chaux ou à ciment, ou lorsqu'ils ne peuvent être détachés sans être fracturés et « détériorés, ou sans briser ou détériorer la partie du fonds à laquelle ils sont atta- « chés. — Les glaces d'un appartement sont censées mises à perpétuelle demeure, « lorsque le parquet sur lequel elles sont attachées fait corps avec la boiserie. — Il « en est de même des tableaux et autres ornements. — Quant aux statues, elles sont « immeubles lorsqu'elles sont placées dans une niche pratiquée exprès pour les rece- « voir, encore qu'elles puissent être enlevées sans fracture ou détérioration. »

nelles; 7° les farines et menues denrées nécessaires à la consommation du saisi et de sa famille pendant un mois; 8° enfin une vache, ou trois brebis ou deux chèvres, au choix du saisi, avec les pailles, fourrages et grains nécessaires pour la litière et la nourriture desdits animaux pendant un mois.

593. Lesdits objets ne pourront être saisis pour aucune créance, même celles de l'État, si ce n'est pour aliments fournis à la partie saisie, ou journées dues aux fabricants ou vendeurs desdits objets, ou à celui qui aura prêté pour les acheter, fabriquer ou réparer; pour fermages et moissons des terres à la culture desquelles ils sont employés; loyers des manufactures, moulins, pressoirs, usines dont ils dépendent, et loyers des lieux servant à l'habitation personnelle du débiteur.

Les objets spécifiés sous le n° 2 du précédent article ne pourront être saisis pour aucune créance.

594. En cas de saisie d'animaux et ustensiles servant à l'exploitation des terres, le juge de paix pourra, sur la demande du saisissant, le propriétaire et le saisi entendus ou appelés, établir un gérant à l'exploitation.

595. Le procès-verbal contiendra indication du jour de la vente.

596. Si la partie saisie offre un gardien solvable, et qui se charge volontairement et sur-le-champ, il sera établi par l'huissier.

597. Si le saisi ne présente gardien solvable et de la qualité requise, il en sera établi un par l'huissier.

598. Ne pourront être établis gardiens le saisissant, son conjoint, ses parents et alliés jusqu'au degré issu de germain inclusivement, et ses domestiques; mais le saisi, son conjoint, ses parents, alliés et domestiques pourront être établis gardiens, de leur consentement et de celui du saisissant.

599. Le procès-verbal sera fait sans déplacer; il sera signé par le gardien en l'original et la copie; s'il ne sait signer, il en sera fait mention, et il lui sera laissé copie du procès-verbal.

600. Ceux qui, par voie de fait, empêcheraient l'établissement du gardien, ou qui enlèveraient ou détourneraient des effets saisis, seront poursuivis conformément au Code d'instruction criminelle.

601. Si la saisie est faite au domicile de la partie, copie lui sera laissée sur-le-champ du procès-verbal, signée des personnes qui auront signé l'original. Si la partie est absente, copie en sera remise au maire ou adjoint, ou au magistrat qui, en cas de refus de porte, aura fait faire ouverture, et qui visera l'original.

602. Si la saisie est faite hors du domicile et en l'absence du saisi, copie lui sera notifiée dans le jour, outre un jour pour trois myriamètres, sinon les frais de garde et le délai pour la vente ne courront que du jour de la notification.

603. Le gardien ne peut se servir de choses saisies, les louer ou prêter, à peine de privation des frais de garde et de dommages-intérêts au paiement desquels il sera contraignable par corps.

604. Si les objets saisis ont produit quelques profits ou revenus, il est tenu d'en compter, même par corps.

605. Il peut demander sa décharge, si la vente n'a pas été faite au jour indiqué par le procès-verbal, sans qu'elle ait été empêchée par quelque obstacle, et, en cas d'empêchement, la décharge peut être demandée deux mois après la saisie, sauf au saisissant à faire nommer un autre gardien.

606. La décharge sera demandée contre le saisissant et le saisi par une assignation en référé devant le juge du lieu de la saisie; si elle est accordée, il sera préalablement procédé au récolement des effets saisis, parties appelées.

607. Il sera passé outre nonobstant toutes réclamations de la part de la partie saisie, sur lesquelles il sera statué en référé.

608. Celui qui se prétendra propriétaire des objets saisis ou de partie d'iceux pourra s'opposer à la vente par exploit signifié au gardien et dénoncé au saisissant et au saisi, contenant assignation libellée, et l'énonciation des preuves de propriété, à peine de nullité. Il y sera statué par le tribunal du lieu de la saisie, en matière sommaire.

Le réclamant qui succombera sera condamné, s'il y échet, aux dommages et intérêts du saisissant.

609. Les créanciers du saisi, pour quelque cause que ce soit, même pour loyers, ne pourront former opposition que sur le prix de la vente, leurs oppositions en contiendront les causes; elles seront signifiées au saisissant et à l'huissier ou autre officier chargé de la vente, avec élection de domicile dans le lieu où la saisie est faite, si l'opposant n'y est pas domicilié : le tout à peine de nullité des oppositions, et des dommages et intérêts contre l'huissier, s'il y a lieu.

610. Le créancier opposant ne pourra faire aucune poursuite, si ce n'est contre la partie saisie, et pour obtenir condamnation; il n'en sera fait aucune contre lui, sauf à discuter les causes de son opposition lors de la distribution des deniers.

611. L'huissier qui, se présentant pour saisir, trouverait une saisie déjà faite et un gardien établi, ne pourra pas saisir de nouveau; maisi pourra procéder au récolement des meubles et effets sur e procès-verbal, que le gardien sera tenu de lui représenter; il saisira les effets omis, et fera sommation au premier saisissant de vendre le tout dans la huitaine; le procès-verbal de récolement vaudra opposition sur les deniers de la vente.

612. Faute par le saisissant de faire vendre dans le délai ci-après fixé, tout

opposant ayant titre exécutoire pourra, sommation préalablement faite au saisissant, et sans former aucune demande en subrogation, faire procéder au récolement des effets saisis, sur la copie du procès-verbal de saisie, que le gardien sera tenu de représenter, et de suite à la vente.

613. Il y aura au moins huit jours entre la signification de la saisie au débiteur et la vente.

614. Si la vente se fait un jour autre que celui indiqué par la signification, la partie saisie sera appelée, avec un jour d'intervalle, outre un jour pour trois myriamètres en raison de la distance du domicile du saisi et du lieu où les effets seront vendus.

615. Les opposants ne seront point appelés.

616. Le procès-verbal de récolement qui précédera la vente ne contiendra aucune énonciation des effets saisis, mais seulement de ceux en déficit, s'il y en a.

617. La vente sera faite au plus prochain marché public, aux jour et heure ordinaires des marchés, ou un jour de dimanche : pourra néanmoins le tribunal permettre de vendre les effets en un autre lieu plus avantageux. Dans tous les cas, elle sera annoncée un jour auparavant par quatre placards au moins, affichés l'un au lieu où sont les effets, l'autre à la porte de la maison commune, le troisième au marché du lieu, et, s'il n'y en a pas, au marché voisin ; le quatrième à la porte de l'auditoire de la justice de paix ; et, si la vente se fait dans un lieu autre que le marché ou le lieu où sont les effets, un cinquième placard sera apposé au lieu où se fera la vente. La vente sera en outre annoncée par la voie des journaux, dans les villes où il y en a.

618. Les placards indiqueront les lieu, jour et heure de la vente, et la nature des objets, sans détail particulier.

619. L'opposition sera constatee par exploit, auquel sera annexé un exemplaire du placard.

620. S'il s'agit de barques, chaloupes et autres bâtiments de mer, du port de dix tonneaux et au-dessous, bacs, galiotes, bateaux et autres bâtiments de rivières, moulins et autres édifices mobiles assis sur bateaux, ou autrement, il sera procédé à leur adjudication sur les ports, gares ou quais où ils se trouvent ; il sera affiché quatre placards au moins, conformément à l'article précédent, et il sera fait, à trois divers jours consécutifs, trois publications au lieu où sont lesdits objets : la première publication ne sera faite que huit jours au moins après la signification de la saisie. Dans les villes où il s'imprime des journaux, il sera suppléé à ces trois publications par l'insertion. qui sera faite au journal, de l'annonce de ladite vente, laquelle annonce sera répétée trois fois dans le cours du mois précédant la vente.

621. La vaisselle d'argent, les bagues et joyaux de la valeur de 300 francs

au moins, ne pourront être vendus qu'après placards apposés en la forme ci-dessus, et trois expositions, soit au marché, soit dans l'endroit où sont les-dits effets, sans que néanmoins, dans aucun cas, lesdits objets puissent être vendus au-dessous de leur valeur réelle, s'il s'agit de vaisselle d'argent, ni au-dessous de l'estimation qui en aura été faite par des gens de l'art, s'il s'agit de bagues et joyaux. Dans les villes où il s'imprime des journaux, les trois publications seront suppléées comme il est dit en l'article précédent.

622. Lorsque la valeur des effets saisis excédera le montant des causes de la saisie et des oppositions, il ne sera procédé qu'à la vente des objets suffisant à fournir une somme nécessaire pour le paiement des créances et frais.

623. Le procès-verbal constatera la présence ou le défaut de comparution de la partie saisie.

624. L'adjudication sera faite au plus offrant, en payant comptant : faute de paiement, l'effet sera revendu sur-le-champ, à la folle enchère de l'adju-dicataire.

625. Les commissaires-priseurs et huissiers seront personnellement res-ponsables du prix des adjudications, et feront mention, dans leurs procès-verbaux, des noms et domiciles des adjudicataires ; ils ne pourront recevoir d'eux aucune somme au-dessus de l'enchère, à peine de concussion.

TITRE IX.

DE LA SAISIE DES FRUITS PENDANTS PAR RACINE OU DE LA SAISIE-BRANDON.

626. La saisie-brandon ne pourra être faite que dans les six semaines qui précéderont l'époque ordinaire de la maturité des fruits; elle sera précédée d'un commandement, avec un jour d'intervalle.

627. Le procès-verbal de saisie contiendra l'indication de chaque pièce, sa contenance et sa situation, et deux au moins de ses tenants et aboutissants; et la nature des fruits.

628. Le garde champêtre sera établi gardien, à moins qu'il ne soit compris dans l'exclusion portée par l'article 598; s'il n'est présent, la saisie lui sera signifiée; il sera aussi laissé copie au maire de la commune de la situation, et l'original sera visé par lui.

Si les communes sur lesquelles les biens sont situés sont contiguës ou voisines, il sera établi un seul gardien, autre néanmoins qu'un garde cham-pêtre : le *visa* sera donné par le maire de la commune du chef-lieu de l'ex-ploitation; et, s'il n'y en a pas, par le maire de la commune où est située la majeure partie des biens.

629. La vente sera annoncée par placards affichés, huitaine au moins avant la vente, à la porte du saisi, à la porte de la maison commune, et, s'il n'y

en a pas, au lieu où s'apposent les actes de l'autorité publique; au principal marché du lieu, et, s'il n'y en a pas, au marché le plus voisin, et à la porte de l'auditoire de la justice de paix.

630. Les placards désigneront les jour, heure et lieu de la vente, les noms et demeures du saisi et du saisissant, la quantité d'hectares et la nature de chaque espèce de fruits, la commune où ils sont situés, sans autre désignation.

631. L'apposition des placards sera constatée ainsi qu'il est dit au titre des saisies-exécutions.

632. La vente sera faite un jour de dimanche ou de marché.

633. Elle pourra être faite sur les lieux ou sur la place de la commune où est située la majeure partie des objets saisis.

La vente pourra aussi être faite sur le marché du lieu, et, s'il n'y en a pas, sur le marché le plus voisin.

634. Seront, au surplus, observées les formalités prescrites au titre des saisies-exécutions.

635. Il sera procédé à la distribution du prix de la vente, ainsi qu'il sera dit au titre de la distribution par contribution.

LOI RELATIVE AU PRIVILÉGE DU TRÉSOR PUBLIC

POUR LE RECOUVREMENT DES CONTRIBUTIONS DIRECTES,

Du 12 novembre 1808.

ART. 1er. Le privilége du Trésor public pour le recouvrement des contributions directes est réglé ainsi qu'il suit, et s'exerce avant tout autre :

1° Pour la contribution foncière de l'année échue et de l'année courante, sur les récoltes, fruits, loyers et revenus des biens immeubles sujets à la contribution;

2° Pour l'année échue et l'année courante des contributions mobilières, des portes et fenêtres, des patentes, et toute autre contribution directe et personnelle, sur tous les meubles et autres effets mobiliers appartenant aux redevables, en quelque lieu qu'ils se trouvent.

2. Tous fermiers, locataires, receveurs, économes, notaires, commissaires-priseurs et autres dépositaires et débiteurs de deniers provenant du chef des redevables, et affectés au privilége du Trésor public, seront tenus, sur la demande qui leur en sera faite, de payer, en l'acquit des redevables et sur le montant des fonds qu'ils doivent ou qui sont en leurs mains, jusqu'à concurrence de tout ou partie des contributions dues par ces deniers. Les quit-

tances des percepteurs, pour les sommes légitimement dues, leur seront allouées en compte.

3. Le privilége attribué au Trésor public, pour le recouvrement des contributions directes, ne préjudicie point aux autres droits qu'il pourrait exercer sur les biens des redevables, comme tout autre créancier.

4. Lorsque, dans le cas de saisie de meubles et autres effets mobiliers pour le paiement des contributions, il s'élèvera une demande en revendication de tout ou partie desdits meubles et effets, elle ne pourra être portée devant les tribunaux ordinaires qu'après avoir été soumise, par l'une des parties intéressées, à l'autorité administrative, aux termes de la loi du 5 novembre 1790.

EXTRAIT

DE LA LOI RELATIVE AU PAIEMENT DES SOMMES

SÉQUESTRÉES ET DÉPOSÉES,

Des 5-18 août 1791.

---

§ 1er. L'assemblée nationale décrète que tous huissiers-priseurs, receveurs des consignations, commissaires aux saisies réelles, notaires, séquestres et tous autres dépositaires de deniers, ne remettront aux héritiers, créanciers et autres personnes ayant droit de toucher, les sommes séquestrées et déposées, qu'en justifiant du paiement des impositions mobilières et contributions patriotiques dues par les personnes du chef desquelles lesdites sommes seront provenues; seront même autorisés, en tant que de besoin, lesdits séquestres et dépositaires, à payer directement les contributions qui se trouveraient dues, avant de procéder à la délivrance des deniers; et les quittances desdites contributions leur seront passées en compte.

EXTRAIT

DE LA LOI DU 5 NOVEMBRE 1790.

(Voir l'article 69 du règlement et, à la suite de la présente loi, l'avis du conseil d'État, du 23 août 1823.)

Art. 13. Toutes actions en justice, principales, incidentes ou en reprise, qui seront intentées par les corps administratifs, le seront au nom du procureur général syndic du département, poursuite et diligence du procureur syndic du district, et ceux qui voudront en intenter contre ces corps, seront tenus de les diriger contre ledit procureur général syndic.

14. Il ne pourra être intenté aucune action par le procureur général syndic, qu'ensuite d'un arrêté du directoire du département, pris sur l'avis du directoire du district, à peine de nullité et responsabilité, excepté pour les objets de simple recouvrement.

15. Il ne pourra en être exercé aucune contre ledit procureur genéral syndic, en sa dite qualité, par qui que ce soit, sans qu'au préalable on ne se soit pourvu par simple mémoire, d'abord au directoire du district, pour donner son avis, ensuite au directoire du département, pour donner une décision, aussi à peine de nullité. Les directoires de district et de département statueront sur le mémoire dans le mois, à compter du jour qu'il aura été remis, avec les pièces justificatives, au secrétariat du district, dont le secrétaire donnera son récépissé, et dont il fera mention sur le registre qu'il tiendra à cet effet. La remise et l'enregistrement du mémoire interrompront la prescription, et, dans le cas où les corps administratifs n'auraient pas statué à l'expiration du délai ci-dessus, il sera permis de se pourvoir devant les tribunaux.

16. Les frais qui seront légitimement faits par les directoires de département et de district, dans la suite du procès, passeront dans la dépense de leurs comptes.

AVIS DU CONSEIL D'ÉTAT, EN DATE DU 28 AOUT 1823,

APPROUVÉ PAR LE MINISTRE DES FINANCES,

SUR LA MARCHE A SUIVRE PAR LES PRÉFETS

QUI PLAIDENT AU NOM DE L'ÉTAT

ET PAR LES PARTICULIERS QUI PLAIDENT CONTRE LUI.

(Voir la 2ᵉ note sur l'article 69 du règlement.)

Le conseil d'État, sur le renvoi fait par monseigneur le garde des sceaux, des questions suivantes, résultant d'une lettre adressée à Sa Grandeur par Son Excellence le ministre des finances, le 2 mai 1823 :

1° Si, avant d'intenter ou de soutenir des actions dans l'intérêt de l'État, les préfets doivent y être autorisés par les conseils de préfecture, ou s'ils ne doivent pas du moins prendre leur avis ;

2° Si les particuliers qui se proposent de plaider contre l'État sont obligés de remettre préalablement à l'autorité administrative un mémoire expositif de leur demande, et si ce mémoire doit être remis au préfet ou au conseil de préfecture ;

SUR LA PREMIÈRE QUESTION,

Considérant qu'aux termes de l'article 14 de la loi du 5 novembre 1790 et de l'article 13 de celle du 25 mars 1791, les procureurs généraux syndics de département, et les commissaires du gouvernement qui les ont remplacés, ne pouvaient suivre les procès qui concernent l'État sans l'autorisation des directoires de département ou des administrations centrales qui leur ont été substituées ;

Que cette disposition était une conséquence du système-d'alors, qui plaçait dans les autorités collectives l'administration tout entière, et réduisait les procureurs généraux syndics et les commissaires du gouvernement à de simples agents d'exécution, qui ne pouvaient agir qu'en vertu d'une délibération ou autorisation ;

Mais que cet état de choses a été changé par la loi du 28 pluviôse an VIII, qui dispose, article 3, que le préfet est chargé seul de l'administration, et statue, par cela même qu'il peut seul, sans le concours d'une autorité secondaire, exercer les actions judiciaires qui le concernent en sa qualité d'administrateur ;

Que d'ailleurs l'article 4 de la même loi, qui détermine les fonctions des conseils de préfecture, leur attribue la connaissance des demandes formées par les communes pour être autorisées à plaider ; que cet article ni aucun autre ne soumet à leur autorisation, ni à leur examen ou avis, les procès que les préfets doivent intenter ou soutenir.

SUR LA DEUXIÈME QUESTION,

Considérant qu'aux termes de l'article 15 de la loi du 5 novembre 1790, les particuliers qui se proposaient de former une demande contre l'État, devaient en faire connaître la nature par un mémoire qu'ils étaient tenus de remettre au directoire du département avant de se pourvoir en justice ;

Que cette disposition, utile à toutes les parties en cause, puisqu'elle a pour objet de prévenir les procès ou de les concilier, s'il est possible, n'a été abrogée explicitement ni implicitement par la loi du 28 pluviose an VIII ;

Mais que le mémoire dont parle cet article doit être remis au préfet, qui est chargé seul d'administrer et de plaider, et non au conseil de préfecture, qui n'a reçu de la loi aucune attribution à cet égard ;

Est d'avis que, 1° dans l'exercice des actions judiciaires que la loi leur confie, les préfets doivent se conformer aux instructions qu'ils recevront du gouvernement, et que les conseils de préfecture ne peuvent, sous aucun rapport, connaître de ces actions ;

2° Que, conformément à l'article 15 de la loi du 5 décembre 1790, nul ne peut intenter une action contre l'État, sans avoir préalablement remis à l'autorité administrative le mémoire mentionné en cet article 13 ;

Et que ce mémoire doit être adressé, non au conseil de préfecture, mais au préfet, qui statuera dans le délai fixé par la loi.

EXTRAIT

DU DÉCRET DU 18 AOUT 1807,

QUI PRESCRIT DES FORMALITÉS

POUR LES SAISIES-ARRÊTS OU OPPOSITIONS

ENTRE LES MAINS DES RECEVEURS

OU ADMINISTRATEURS DES CAISSES OU DENIERS PUBLICS.

ART. 1er. Indépendamment des formalités communes à tous les exploits, tout exploit de saisie-arrêt ou opposition entre les mains des receveurs, dépositaires ou administrateurs des caisses ou des deniers publics, en cette qualité, exprimera clairement les noms et qualités de la partie saisie ; il contiendra, en outre, la désignation de l'objet saisi.

2. L'exploit énoncera pareillement la somme pour laquelle la saisie-arrêt ou opposition est faite ; il sera fourni, avec copie de l'exploit, auxdits receveurs, caissiers ou administrateurs, copie ou extrait en forme du titre du saisissant.

3. A défaut, par le saisissant, de remplir les formalités prescrites par les articles 1 et 2 ci-dessus, la saisie-arrêt ou opposition sera regardée comme non avenue.

4. La saisie-arrêt ou opposition n'aura d'effet que jusqu'à concurrence de la somme portée en l'exploit.

5. La saisie-arrêt ou opposition formée entre les mains des receveurs, dépositaires ou administrateurs de caisses ou de deniers publics, en cette qualité, ne sera point valable, si l'exploit n'est fait à la personne préposée pour le recevoir, et s'il n'est pas visé par elle sur l'original, ou, en cas de refus, par le procureur impérial près le tribunal de première instance de

leur résidence, lequel en donnera de suite avis aux chefs des administrations respectives.

6. Les receveurs, dépositaires ou administrateurs seront tenus de délivrer, sur la demande du saisissant, un certificat qui tiendra lieu, en ce qui les concerne, de tous autres actes et formalités prescrits, à l'égard des tiers saisis, par le titre XX du livre III du Code de procédure civile.

S'il n'est rien dû au saisi, le certificat l'énoncera.

Si la somme due au saisi est liquide, le certificat en déclarera le montant.

Si elle n'est pas liquide, le certificat l'exprimera.

7. Dans le cas où il serait survenu des saisies-arrêts ou oppositions sur la même partie et pour le même objet, les receveurs, dépositaires ou administrateurs sont tenus, dans les certificats qui leur seront demandés, de faire mention desdites saisies-arrêts ou oppositions, et de désigner les noms et élection de domicile des saisissants, et les causes desdites saisies-arrêts ou oppositions.

8. S'il survient de nouvelles saisies-arrêts ou oppositions depuis la délivrance d'un certificat, les receveurs, dépositaires ou administrateurs seront tenus, sur la demande qui leur en sera faite, d'en fournir un extrait contenant pareillement les noms et élection de domicile des saisissants, et les causes desdites saisies-arrêts ou oppositions.

9. Tout receveur, dépositaire ou administrateur de caisses ou de deniers publics, entre les mains duquel il existera une saisie-arrêt ou opposition sur une partie prenante, ne pourra vider ses mains sans le consentement des parties intéressées, ou sans y être autorisé par justice.

10. Notre grand juge ministre de la justice et nos ministres des finances et du Trésor public sont chargés, chacun en ce qui le concerne, de l'exécution du présent décret.

www.ingramcontent.com/pod-product-compliance
Lightning Source LLC
Chambersburg PA
CBHW050625210326
41521CB00008B/1383